GUÍA DE PLANTAS DE LA SIERRA DE GUADARRAMA

José Ignacio Cascajero Carnicer
Beatriz Virumbrales Jaro

ediciones
LA LIBRERÍA

1.ª edición: 2014
4.ª edición: 2024

© José Ignacio Cascajero Carnicer, 2024
© Beatriz Virumbrales Jaro, 2024
© De esta edición: Ediciones La Librería, 2024
C/ Mayor, 80
28013 Madrid
Telf.: 91 541 71 70
E-mail: info@edicioneslalibreria.es

Cubierta: Javier Fernández Lizán
Maquetación: Javier Fernández
Lizán y Carlos Villalón

ISBN: 978-84-9873-529-1
Depósito Legal: M-994-2024

Impreso en España/Printed in Spain

CLASIFICACIÓN DE LAS PLANTAS
POR EL COLOR DE SUS FLORES

 Amarilla

 Azul, violeta

 Blanca

 Roja, rosa, púrpura

 Verde

Dada la limitación de espacio que nos imponen las reducidas dimensiones de esta guía de bolsillo, hemos renunciado a hacer una introducción tan extensa como nos hubiera gustado. El mundo vegetal de la sierra de Guadarrama forma parte de un todo de difícil comprensión si no se atiende a muchas de sus características geográficas y naturales, pero, para dejar suficiente espacio para las fichas de las plantas, bosquejamos aquí unas pinceladas que se podrán ampliar si el interés despertado ha sido suficiente.

La sierra de Guadarrama ha sido camino de paso entre las dos mesetas. De los árabes tomó su nombre *Wadi l-ramal*, es decir, río de arenas, del que procede el nombre actual de Guadarrama.

Desde principios de la década de 2000, la Comunidad de Madrid se propuso declarar parque nacional a la sierra de Guadarrama, aprobando en 2009

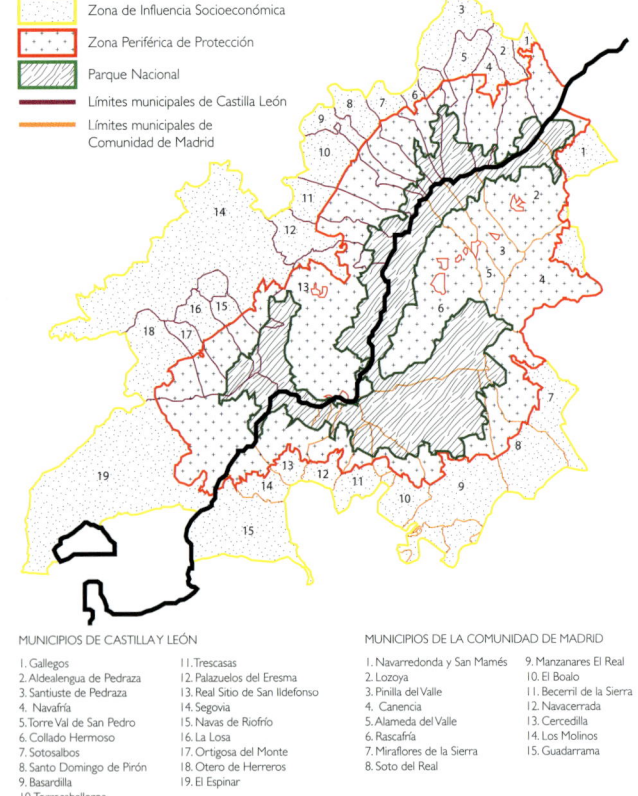

Zona de Influencia Socioeconómica

Zona Periférica de Protección

Parque Nacional

Límites municipales de Castilla León

Límites municipales de Comunidad de Madrid

MUNICIPIOS DE CASTILLA Y LEÓN

1. Gallegos
2. Aldealengua de Pedraza
3. Santiuste de Pedraza
4. Navafría
5. Torre Val de San Pedro
6. Collado Hermoso
7. Sotosalbos
8. Santo Domingo de Pirón
9. Basardilla
10. Torrecaballeros
11. Trescasas
12. Palazuelos del Eresma
13. Real Sitio de San Ildefonso
14. Segovia
15. Navas de Riofrío
16. La Losa
17. Ortigosa del Monte
18. Otero de Herreros
19. El Espinar

MUNICIPIOS DE LA COMUNIDAD DE MADRID

1. Navarredonda y San Mamés
2. Lozoya
3. Pinilla del Valle
4. Canencia
5. Alameda del Valle
6. Rascafría
7. Miraflores de la Sierra
8. Soto del Real
9. Manzanares El Real
10. El Boalo
11. Becerril de la Sierra
12. Navacerrada
13. Cercedilla
14. Los Molinos
15. Guadarrama

el Plan de Ordenación de los Recursos Naturales. Por su parte, en 2010, la Comunidad de Castilla y León aprobó el Plan de Ordenación de los Recursos Naturales del Espacio Natural «Sierra de Guadarrama». El 13 de junio de 2013 se aprueba en el Congreso la creación del «Parque Nacional de la Sierra de Guadarrama».

En la sierra de Guadarrama podemos encontrar diversos pisos de vegetación según la altitud: matorral de altura; pinar de montaña natural y repoblado; melojares y fresnedas; encinares guadarrámicos; riberas y zonas de bosque galería.

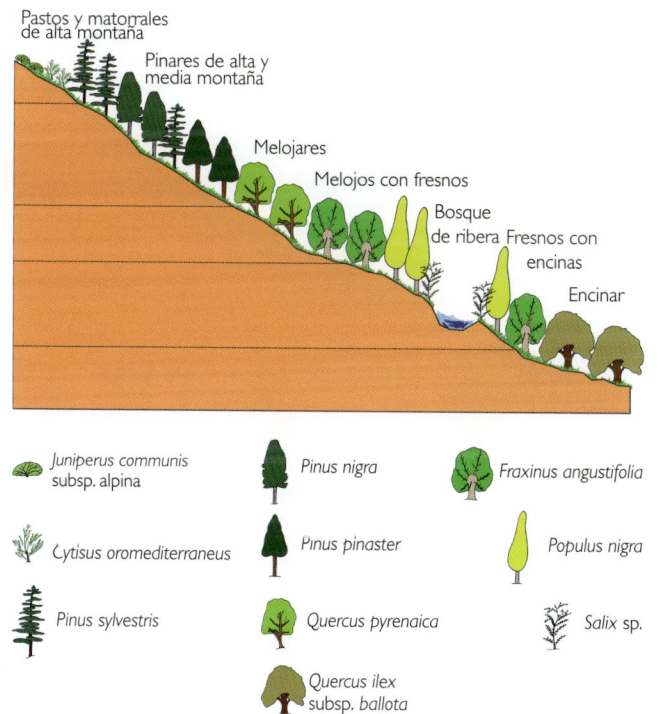

Pastos y matorrales de alta montaña
Pinares de alta y media montaña
Melojares
Melojos con fresnos
Bosque de ribera
Fresnos con encinas
Encinar

Juniperus communis subsp. alpina

Cytisus oromediterraneus

Pinus sylvestris

Pinus nigra

Pinus pinaster

Quercus pyrenaica

Quercus ilex subsp. ballota

Fraxinus angustifolia

Populus nigra

Salix sp.

LAS PLANTAS

Hay aproximadamente 300 000 taxones vegetales en el planeta.

Las plantas se caracterizan por ser seres vivos inmóviles, normalmente enraizados en la tierra y que tienen un crecimiento indefinido desde que nacen hasta que mueren.

Se denomina fotosíntesis al proceso por el cual se convierte materia inorgánica en orgánica, utilizando como energía la luz solar.

Las plantas son autótrofas, es decir, obtienen su alimento a partir de sustancias inorgánicas

Los organismos vegetales convierten energía luminosa a química sintetizando compuestos orgánicos a partir de dióxido de carbono (CO_2), disponible en el aire, y de agua, en presencia de clorofila, utilizando energía lumínica.

El oxígeno es un producto de desecho del proceso de fotosíntesis.

CLASIFICACIÓN

De manera muy sencilla podemos distinguir entre:

- **Briófitas** (musgos y hepáticas): no presentan vasos conductores, ni flores, ni frutos. Viven en lugares húmedos.
- **Pteridófitas** (helechos): tienen vasos conductores, luego son plantas vasculares, pero carecen de flores y de frutos. Necesitan humedad para subsistir.
- **Espermatófitas** (fanerógamas): tienen vasos conductores y producen semillas
  - Gimnospermas: producen semillas pero carecen de flores
  - Angiospermas: producen flores y semillas. Engloban la mayoría de las plantas actuales. Se dividen en:
    · Dicotiledóneas: poseen dos cotiledones u hojitas iniciales en la semilla.
    · Monocotiledóneas: presentan un único cotiledón inicial.

1. Briófitas. Musgo. (*Tortula* sp.)
2. Pteridófitas. Helecho. (*Pteridium aquilinum*)
3. Espermatófitas. Gimnospermas. (*Juniperus oxycedrus*)
4. Espermatófitas. Angiospermas. Dicotiledóneas (*Amelanchier ovalis*)
5. Espermatófitas. Angiospermas. Monocotiledóneas. (*Allium sphaerocephalon*)

LA RAÍZ

Es la parte subterránea de los vegetales. Sus funciones son fijar la planta al suelo, absorber el agua y las sales minerales, almacenando las sustancias de reserva.

Generalmente, su forma es una raíz principal primaria a partir de la cual se forman las raíces secundarias más pequeñas.

En una raíz se puede diferenciar:

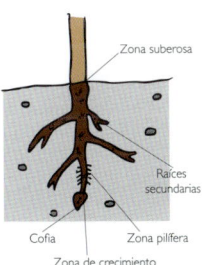

- **Cofia**, caliptra o pilorriza: ápice que protege el crecimiento de la raíz del roce del suelo.
- **Zona de crecimiento** o lisa: lugar donde se produce el crecimiento en longitud de la raíz.
- **Zona pilífera**: contiene numerosos pelos, cortos y finos que absorben el agua y las sales minerales.
- **Zona suberosa**: es la más próxima a la base del tallo. Está cubierta de suber (corteza).

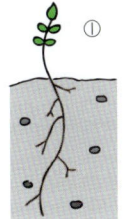 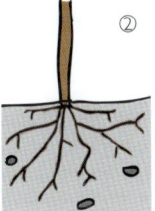 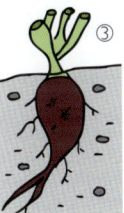 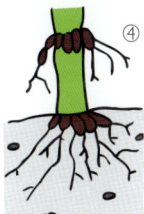

1. Pivotantes: predomina una raíz principal que se ramifica en otras de menor tamaño.
2. Fasciculadas: muchas raíces salen de la base del tallo, alcanzando la misma longitud. Es la raíz típica de las gramíneas.
3. Tuberizadas: son aquellas que acumulan sustancias de reserva.
4. Adventicias: salen de otros sitios que no son la base del tallo, como en sus nudos o a lo largo del mismo, como sucede en la hiedra.

EL TALLO

Comprende la parte aérea de las plantas.
Tiene como misión:

- Sustentar las yemas que dan lugar a las ramas y a las hojas.

- Permitir que las hojas reciban la mayor cantidad de luz solar.
- Conducir la savia bruta compuesta por agua y sales minerales de la raíz a las hojas y la savia elaborada que contiene los productos resultado de la fotosíntesis, desde las hojas a todos los órganos de la planta.

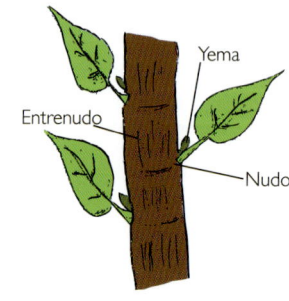

Los tallos se pueden clasificar en:

- **Tronco**: es el tallo ramificado de los árboles y arbustos.
- **Caña**: es el tallo cilíndrico, hueco o macizo, con los nudos muy marcados.
- **Herbáceo**: tallo sin lignina, tierno y flexible, generalmente poco consistente.
- **Estolón**: tallo rastrero que puede dar lugar mediante las raíces adventicias a otro vegetal.
- **Zarcillos**: tallos modificados que se van enrollando en soportes.
- **Espinas**: tallos modificados para defensa de la planta.
  Hay algunos tallos que son subterráneos:
- **Rizomas**: crecen horizontalmente bajo el suelo y originan brotes que salen al exterior, como los lirios y gramas.
- **Tubérculos**: son tallos subterráneos que almacenan sustancias de reserva, como las patatas.
- **Bulbos**: son tallos cortos con raíces en la parte inferior y una yema en la superior, protegidos por unas hojas que contienen sustancia de reserva, por ejemplo cebollas y ajos.

También los tallos se pueden clasificar por su duración:

- **Anuales**: viven un año.
- **Bienales**: viven hasta dos años.
- **Perennes**: viven más de dos años.
- **Vivaces**: los órganos subterráneos son perennes, mientras que los aéreos se renuevan todos los años.

La hoja

Es el órgano laminar que brota a partir del tallo o de las ramas, cuya misión principal es la realización de la fotosíntesis.

Las partes fundamentales de la hoja son:

- El **limbo** es la parte laminar, más o menos ancha que consta de haz, la parte más verde y de envés la más clara. En el limbo se encuentran los

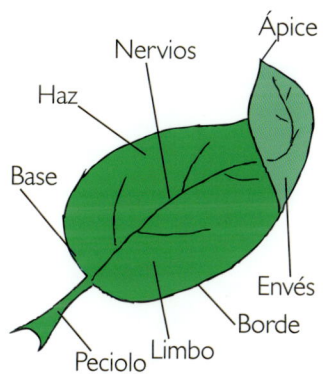

nervios foliares que tienen como misión el transporte de las sustancias y el mantenimiento de la estructura de la hoja.

- En el **limbo** también se encuentran los estomas, poros que se abren o cierran interviniendo en el intercambio de gases y agua entre la atmósfera y el interior de las hojas.
- El **peciolo** es la unión del limbo con el tallo, realizando su inserción generalmente por la base de la hoja.

Las hojas se pueden clasificar atendiendo a la forma de cualquiera de sus partes, a su inserción en el tallo, a su permanencia en la planta, etc.

CLASIFICACIÓN POR EL TIPO DE HOJA

- Hoja **simple**: no tiene dividido el limbo y se inserta por la base en el tallo.
- Hoja **compuesta**: está formada por varios limbos más pequeños, llamados foliolos, que se insertan en un nervio medio, raquis, y este por la base, en el tallo.

Tanto las hojas como los foliolos se pueden clasificar por sus diversas características morfológicas:

- **Pecioladas**: si tienen un peciolo que se inserta en el tallo.
- **Sésiles** o sentadas: se insertan directamente desde la base.

Por la inserción del peciolo en el limbo:

- Hoja **peltada**: el peciolo se inserta en medio del limbo.
- Hoja **perfoliada**: el peciolo atraviesa el limbo.
- Hoja **imbricada**: salen unas muy cerca de otras casi unidas.

Por la inserción de la hoja en el tallo:

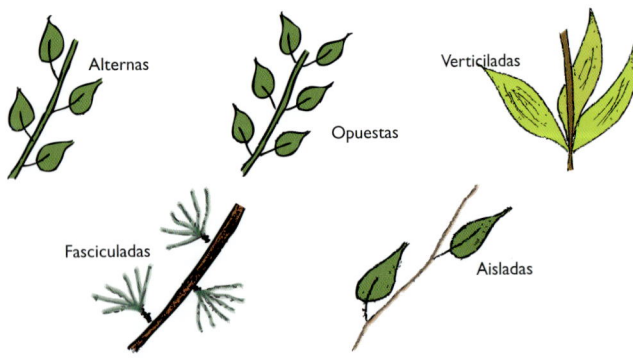

- Hojas **alternas**: se inserta cada una en un nudo, alternativamente en posiciones opuestas o giradas en ángulo.
- Hojas **opuestas**: se insertan por parejas una en cada lado del mismo nudo.
- Hojas **verticiladas**: salen del mismo nudo, distribuyéndose alrededor del tallo.
- Hojas **fasciculadas**: salen en manojos del mismo punto. Puede ser directamente del tallo o a partir de un pequeño pedúnculo, denominado blaquiblasto.
- Hojas **aisladas**: se insertan solas en cada nudo, sin seguir una determinada posición.

Por la forma del limbo:

Aciculada

Lanceolada

Sagitada

Acorazonada

Ovalada

Lineal

Elíptica

Espatulada

Orbicular

Deltoide

Escamosa

Palmeada

Por el borde del limbo:

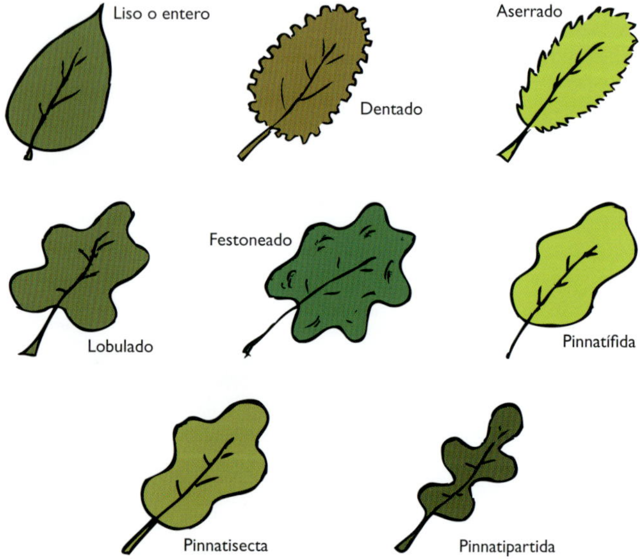

Liso o entero

Dentado

Aserrado

Festoneado

Lobulado

Pinnatífida

Pinnatisecta

Pinnatipartida

Por la nerviación:

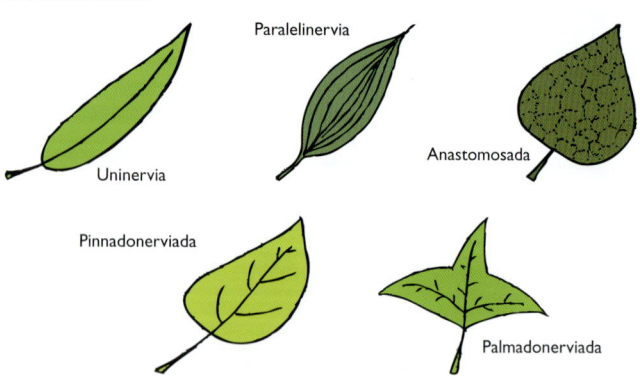

Paralelinervia

Uninervia

Anastomosada

Pinnadonerviada

Palmadonerviada

Por el ápice:

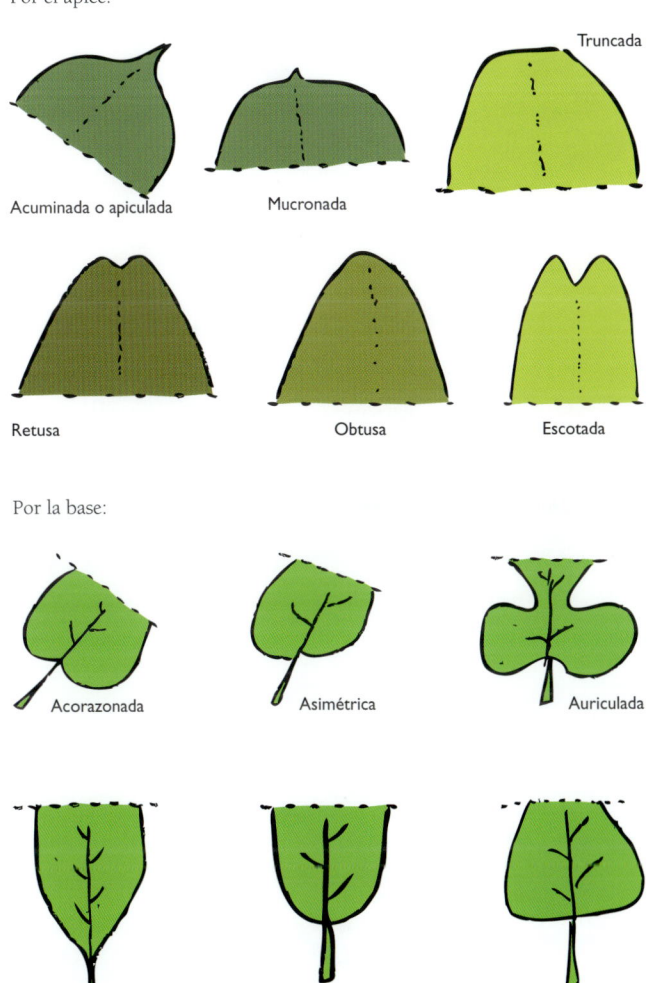

Acuminada o apiculada

Mucronada

Truncada

Retusa

Obtusa

Escotada

Por la base:

Acorazonada

Asimétrica

Auriculada

Cuneada

Redondeada

Truncada

Por la inserción de los foliolos:

Por su vellosidad:
- Hoja **lampiña**: no tiene pelos.
- Hoja **pubescente**: tiene un pelo fino y suave.
- Hoja **tomentosa**: está cubierta por muchos pelos cortos.

Por su permanencia en el árbol:
- Hojas **perennes**: permanecen todo el año en el árbol. Eso no significa que tengan siempre las mismas hojas, sino que se caen cuando están formadas las hojas nuevas.
- Hojas **caducas**: pierden todas las hojas en la estación desfavorable.
- Hojas **marcescentes**: las hojas se secan al llegar al invierno, pero permanecen secas en las ramas hasta la aparición de las nuevas.

Otros apéndices foliares:

Estípulas: cada una de las pequeñas hojas laminares que aparecen en la base de las hojas de muchas especies.
Lígulas: apéndices membranosos que se encuentran sobre todo en las gramíneas, situados en la unión del limbo foliar con el tallo.
Brácteas: hojas modificadas que se forman en el tallo en la proximidad de las flores.

La flor

Es la estructura reproductora típica de las plantas. Consiste en brotes especializados de hojas transformadas, de formas, tamaños y colores muy diversos.

La flor consta de un eje denominado tálamo, receptáculo o pedicelo, en que se insertan cuatro órganos:

- **Cáliz**: formado por hojas poco modificadas llamadas sépalos. Su número es variable según las especies y así pueden ser monosépalas, bisépalas o polisépalas.
- **Corola**: colocada dentro y encima del cáliz, formada por hojas modificadas denominadas pétalos de colores vivos y diversos.
- Al conjunto de pétalos y sépalos se le denomina **periantio** y es la parte estéril de la flor que tiene como función la atracción de insectos, pájaros, etc., para la fecundación.
- **Androceo**: está formado por los órganos masculinos denominados estambres. Los estambres a su vez, constan de filamentos y anteras, que es donde se encuentran las tecas que son los sacos polínicos. Dentro de estos sacos están alojados los granos de polen, gametofitos masculinos.
- **Gineceo**: es la parte más interna de la flor y forma el órgano femenino, ocupando la posición central. Está constituido por hojas muy modificadas denominadas carpelos.

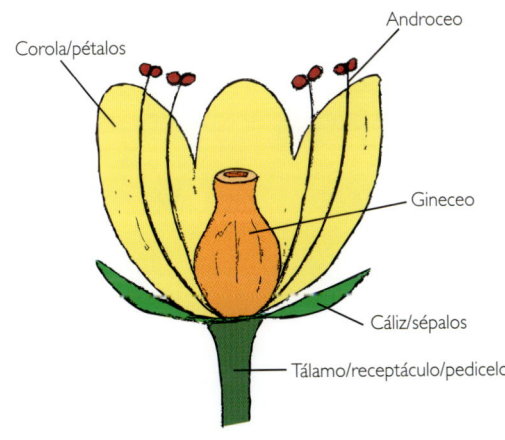

PARTES DE UNA FLOR

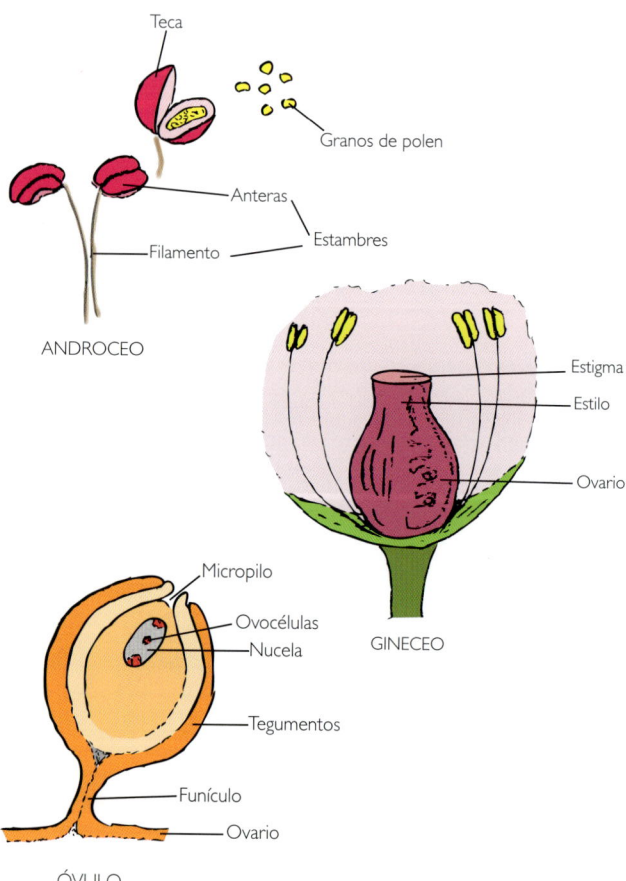

Teca

Granos de polen

Anteras

Estambres

Filamento

ANDROCEO

Estigma

Estilo

Ovario

GINECEO

Micropilo

Ovocélulas

Nucela

Tegumentos

Funículo

Ovario

ÓVULO

El **gineceo** consta de tres partes:
- **Estigma**: situado en el extremo del gineceo, cubierto de pelos finísimos que retienen el polen.
- **Estilo**: es el cuello o eje hueco de tejido esponjoso interiormente.
- **Ovario**: es la parte más importante. En él se encuentran los óvulos.

- **Hermafroditas**: que tienen los órganos femeninos y masculinos en la misma flor.
- **Unisexuales**: que tienen un solo órgano, masculino o femenino.

CLASIFICACIÓN DE LAS ESPECIES POR SUS FLORES

- **Monoicas**: hay flores masculinas y femeninas en el mismo individuo
- **Dioicas**: solo hay flores masculinas o femeninas en cada individuo.

INFLORESCENCIAS

En algunas especies, las flores aparecen solitarias aunque lo normal, es que estén agrupadas sobre un pedúnculo. Es lo que se llama inflorescencia.
Las principales inflorescencias son:

- **Amento**: las flores están todas muy juntas, casi siempre son unisexuales y sin brácteas que las protejan.
- **Espiga**: todas las flores salen de distintos puntos de un eje principal y son sentadas.
- **Corimbo**: los pedúnculos de las flores salen de distintos puntos del eje y llegan a la misma altura.
- **Umbela**: todos los pedúnculos de las flores salen del extremo del eje y llegan a la misma altura.
- **Capítulo** o cabezuela: las flores son sentadas y salen de un receptáculo ancho.
- **Cima**: el pedúnculo está rematado por una flor y por debajo se desarrollan otros pedicelos opuestos y pedunculados.
- **Racimo**: todas las flores salen de distintos puntos de un eje principal y tienen pedúnculo

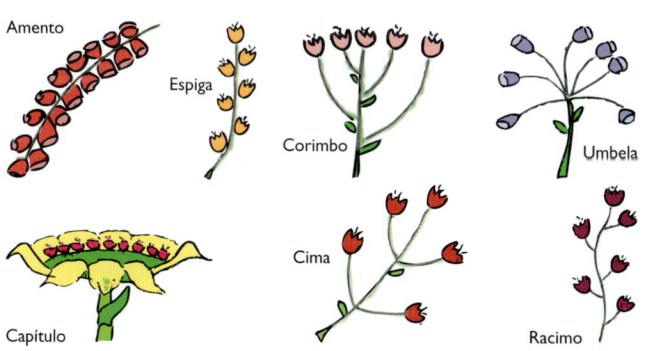

Amento
Espiga
Corimbo
Umbela
Capítulo
Cima
Racimo

Reproducción

En las plantas existen dos tipos de reproducción, sexual y asexual. Esta última, en el reino vegetal, recibe el nombre de vegetativa. La diferencia esencial es que en la segunda, los individuos resultantes son idénticos a las plantas madre, tanto en su aspecto exterior (fenotipo) como en su composición genética (genotipo).

Por el contrario, la planta producida a partir de un embrión es similar a las plantas progenitoras, pero puede presentar variaciones con respecto a ellas.

El paso del polen al órgano femenino se denomina polinización.

El fruto

Es el ovario fecundado y maduro en cuyo interior se encierra la semilla. El fruto sirve para la protección, nutrición y diseminación de la semilla.

Está constituido por dos partes principales, el pericarpio y la semilla.

En el pericarpio se diferencian tres capas:

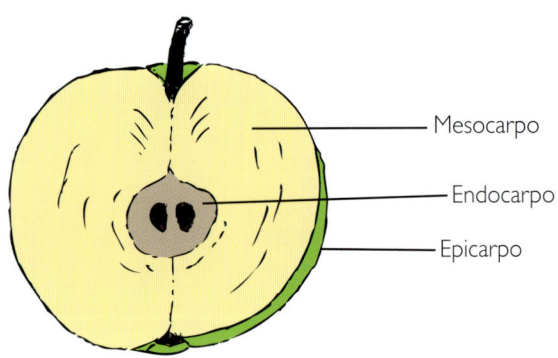

Mesocarpo

Endocarpo

Epicarpo

MORFOLOGÍA DEL FRUTO

No siempre los frutos están diferenciados en estas partes, pudiendo ser el mesocarpo coriáceo, el endocarpo membranoso, etc.

Clasificación de los frutos

Existen una gran variedad de frutos y de clasificaciones de los mismos. Atendiendo a alguna de sus características y de una manera muy simplificada, se pueden dividir en:

- Fruto **simple**: es aquel que proviene de una flor (ciruela, manzana, etc.). Los frutos simples pueden ser:
  - Secos: son jugosos al principio y se secan cuando maduran. Se diferencian en:
    · Dehiscentes, cuando maduran y todavía unidos a la planta se abren para liberar a las semillas.
    · Indehiscentes: las semillas permanecen dentro del fruto cuando este cae de la planta.
  - Carnosos: permanecen jugosos durante la maduración.
- Fruto **agregado**: que procede de una flor con varios ovarios (fresa, mora, etc.).
- Fruto **compuesto**: procede de una inflorescencia (higo y piña).

Por el número de semillas los frutos pueden ser:

- **Monospermas**: tienen una sola semilla.
- **Polispermas**: tienen varias semillas.

TIPOS MÁS IMPORTANTES DE FRUTOS

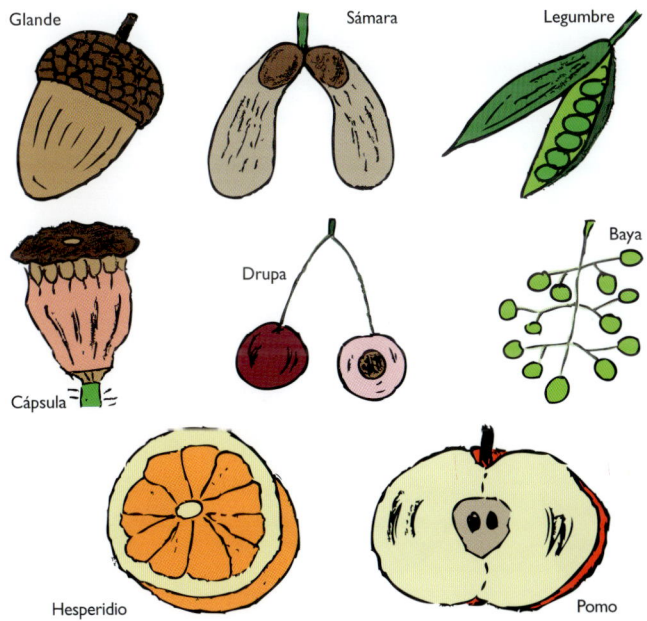

Glande

Sámara

Legumbre

Cápsula

Drupa

Baya

Hesperidio

Pomo

19

- **Glande** o bellota: fruto simple, seco, monospermo, indehiscente, con pericarpo coriáceo y ovario encerrado en una cúpula (encina).
- **Sámara**: fruto simple, seco, monospermo, indehiscente, alado para su dispersión (arce).
- **Legumbre**: fruto simple, seco, polispermo, dehiscente con abertura lateral (acacia).
- **Cápsula**: fruto simple, seco, polispermo, dehiscente con numerosas semillas (amapola).
- **Drupa**: fruto simple, carnoso, monospermo. Epicarpo delgado, mesocarpo carnoso y endocarpo leñoso que rodea a la semilla (cerezo).
- **Baya**: fruto simple, carnoso, polispermo, indehiscente. Epicarpo delgado, mesocarpo y endocarpo carnoso y jugoso (parra).
- **Hesperidio**: tipo de baya con el epicarpo coloreado, delgado y rico en esencias; mesocarpo esponjoso y blanco y endocarpo tabicado y jugoso (naranjo).
- **Pomo**: fruto simple, polispermo. Epicarpo delgado, mesocarpo carnoso y endocarpo membranoso (manzano).

Las gimnospermas al no tener verdaderas flores, no tienen verdaderos frutos. Sin embargo, por semejanza, se pueden clasificar en:
- **Cono**, **estróbilo** o **piña**: está formado por la reunión de varias flores femeninas, con las semillas desnudas y protegidas por escamas leñosas. Al crecer puede tomar diversas formas, como semiesféricas (pinos) o alargadas (abetos).
- **Gálbulo**: tipo de cono en que las escamas salen todas del mismo punto (ciprés).
- **Arcéstide**: cono carnoso en que se notan las cicatrices de las escamas que lo forman (enebro).

Cono

Gálbulo

Arcéstide

La semilla

Tras la fecundación del óvulo por el grano de polen, se desarrolla la semilla al mismo tiempo que el ovario se transforma para convertirse en fruto.

Las semillas pueden permanecer un tiempo en estado latente, es decir, mantienen su potencial capacidad de desarrollo pero sin manifestar ninguna actividad.

Solamente la acción de determinados factores externos, como la luz y la humedad, desencadenan la germinación.

En la semilla se diferencian las siguientes partes:

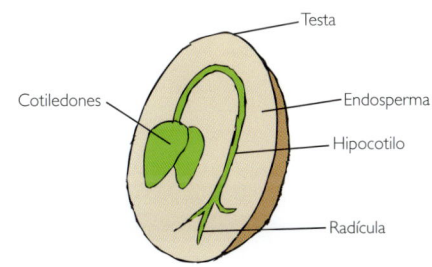

CORTE LONGITUDINAL DE UNA SEMILLA DICOTILEDÓNEA

Diseminación

Es la dispersión de las semillas para formar nuevas plantas. Los vegetales intentan esparcirlas lo más lejos posible de las plantas madres para evitar la competencia y colonizar nuevos territorios.

Para ello utilizan diversas estrategias:

- Anemocoria: las de pequeño tamaño son dispersadas fácilmente por el viento a distancias muy considerables.
- Zoocoria:
  - Endozoocoria: son transportadas por los animales en sus estómagos y depositadas en las heces.
  - Ectozoocoria: son trasladadas al quedar prendidas en plumas o pelos.
- Hidrocoria: algunas se diseminan flotando en el agua.
- Autocoria: mediante mecanismos propios, como el de propulsión.
- Barocoria: hay otras que simplemente dejan caer las semillas alrededor de la planta madre.

❁ *Aristolochia paucinervis = A. longa*

Candilicos,
aristoloquia macho,
orejillas del diablo

Familia	Aristolochiaceae
Características	Planta perenne, con rizoma tuberoso, alargado o cilíndrico, de 20-90 cm de tamaño. Tallos numerosos, ascendentes, generalmente ramificados.
Hojas	Pecioladas, enteras, cordadas, de obtusas a escotadas.
Flores	Solitarias, con pedúnculos iguales o menores que los peciolos, parduscas o verdes-parduscas, con lengüetas purpúreo-pardusca. Androceo con 6 estambres y gineceo con estilo carnoso con 6 lóbulos.
Fruto	En cápsula ovoide, que se abre en 6 valvas para liberar las semillas.
Floración	De abril a junio.
Distribución	Está en matorrales y tierras cultivadas de casi toda la penínsu-la ibérica y Baleares. En la Comunidad de Madrid, aparece dispersa por la zona oeste y sureste de la provincia. En la sierra de Guadarrama, se encuentra fácilmente en las dehe-sas a piedemonte.
Curiosidades	La raíz, y la planta en menor medida, tiene aceites esencia-les y alcaloides. Se ha utilizado bajo prescripción médica para prevenir las infecciones bacterianas, reumatismo, gota y regulación del flujo menstrual. El nombre de aristoloquia en griego significa «lo mejor para la parturienta» ya que según Dioscórides expulsa todo lo que está en contacto con la matriz: la placenta, los menstruos y los fetos, si se bebe con pimienta y mirra.

Anchusa undulata

Chupamieles,
lengua de culebra,
lengua de buey, lengua de vaca

Familia	Boraginaceae
Características	Planta bienal, anual o perenne. Erecta, con abundantes pelos, de 20-60 cm de alto. Tallos normalmente simples solo ramificados en la inflorescencia, con pelosidad patente.
Hojas	Alternas, agudas, con margen ondulado. Las de la base forman una roseta que se seca en la fructificación. Las demás, lanceoladas, pecioladas o sésiles, con el borde festoneado.
Flores	Hermafroditas, con cáliz y corola de cinco piezas (pentámeras) en inflorescencia en cimas densas. Cáliz dividido, peloso. Corola tubular, de color azul, violeta o rosado con los estambres insertos en la parte superior del tubo.
Fruto	En forma de pequeña nuez (tetranúcula), más ancha que larga.
Floración	De abril a junio.
Distribución	Aparece en sitios secos y cultivos de gran parte de la península, menos abundante en el Levante, norte y en Baleares. En la Comunidad de Madrid, aparece sobre todo en la parte centro y oeste de la región. En la sierra de Guadarrama, se encuentra en caminos y zonas secas de las dehesas y piedemonte.
Curiosidades	Las distintas especies del género *Anchusa* contienen alcaloides que se han utilizado en infusión sobre todo por su acción sudorífica y como cataplasma para calmar abscesos y quemaduras. El nombre vulgar de lengua de buey o de vaca se debe a la forma de sus hojas.

Cynoglossum cheirifolium

Lengua de perro, viniebla, cinoglosa

Familia	Boraginaceae
Características	Planta bienal cubierta de tomento blanquecino, de 10-40 cm de alto. Tallos simples o ramificados desde la base.
Hojas	Alternas, tomentosas por ambas caras. Las de la roseta, pecioladas y limbo elíptico; las del tallo, largamente pecioladas, lanceoladas con base cuneada.
Flores	Hermafroditas, bracteadas en inflorescencias ramificadas cimosas. Tiene brácteas inferiores en cada cima similares a las hojas superiores. Cáliz densamente villoso en la cara externa y a veces también en la interna, dividido casi hasta la base. Corola de 3-6 mm de diámetro, rosada o rojiza que se vuelve púrpura o un azul oscuro durante la apertura de las flores. Estambres oscuros insertos en medio del tubo de la corola.
Fruto	Tetranúcula (cuatro nuececillas) con cara externa plana o cóncava y borde engrosado.
Floración	De febrero a julio.
Distribución	Aparece en sitios despejados, secos, ribazos, cunetas y pies de roquedos en casi toda la península, más rara hacia el noroeste y Baleares. En Madrid, la podemos encontrar en prácticamente toda la región a piedemonte. En la sierra de Guadarrama, florece en las zonas abiertas de las dehesas y pastizales.
Curiosidades	*Cynoglossus* significa en griego lengua de perro por la forma que tienen las hojas. Contiene cinoglosina que es capaz de paralizar el sistema nervioso.

Verruguera, verrucaria, tornasol

Familia	Boraginaceae
Características	Planta anual, ascendente o erecta. Tallo simple o ramificado desde la base, con pelos cortos que le dan brillo.
Hojas	Alternas, pecioladas, elípticas u ovaladas y con pelos patentes sobre todo en los nervios del envés.
Flores	Hermafroditas, de 5 pétalos soldados por la base en inflorescencias en cimas densas, de hasta 15 cm y con brácteas sésiles. Cáliz dividido hasta la base, persistente hasta la caída del fruto, campaniforme y peloso. Corola blanca o lila-rosada pálida, más o menos pelosa. Estambres soldados en la base del tubo de la corola.
Fruto	Dividido en 4 núculas (nuececillas), irregulares, pardo oscuras.
Floración	De marzo a septiembre.
Distribución	Aparece en cultivos y caminos de casi toda la península y Baleares. En Madrid, se encuentra sobre todo en la zona sur de la comunidad. En el Parque Nacional de de la Sierra de Guadarrama, la podemos ver en zonas abiertas y caminos.
Curiosidades	Es una planta que contiene alcaloides de elevada toxicidad para el ganado y el hombre. Se ha utilizado externamente contra las verrugas. El nombre del género *Heliotropium* significa giro al sol, ya que sus hojas viran acompañando el curso del sol.

✿ *Campanula lusitanica*
Campanillas

Familia	Campanulaceae
Características	Planta anual con una raíz vertical corta. Tallo herbáceo, erecto y peloso ramificado en la parte superior, de hasta 40 cm de alto.
Hojas	Alternas, ovadas o espatuladas, pecioladas las basales y sentadas las caulinares.
Flores	Inflorescencia en panícula muy abierta. Las flores pueden estar erectas o ligeramente curvadas, pediceladas y hermafroditas. Cáliz entero y corola campanulada mucho mayor que el cáliz. Pétalos en número de 5, de color azul o lila con la base más clara y nervio central marcado. Estilo prominente blanquecino pubescente.
Fruto	Cápsula, dehiscente por poros laterales.
Floración	De mayo a agosto.
Distribución	Se encuentra en suelos arenosos, pedregales, ribazos y cunetas de la mayor parte de la península, excepto los Pirineos y la costa oriental. En Madrid, está dispersa al noroeste de la comunidad. En la sierra de Guadarrama, la podemos encontrar en suelos pedregosos desde el piedemonte hasta la media montaña.
Curiosidades	Es una especie muy polimorfa y variable en su forma, dimensiones, hojas, etc. Existen dos subespecies: *C. lusitanica* subsp. *lusitanica* presente en nuestro área y *C. lusitanica* subsp. *specularioides*, de menor tamaño y más rastrero, que se encuentra en las sierras del sur de la península ibérica en Málaga y Cádiz.

Campanula rapunculus

Rapincho, raponce, ruipóntico, rapónchigo

Familia	Campanulaceae
Características	Planta bienal, generalmente con raíz napiforme, algo leñosa. Tallo herbáceo de 30 a 100 cm de alto, simple o ramificado, pubescente en la base.
Hojas	Basales estrechadas en el peciolo, espatuladas; hojas del tallo, alternas, sentadas, lineales, con nervio medio muy marcado, que disminuyen de tamaño hacia el ápice.
Flores	Hermafroditas, pentámeras, reunidas en inflorescencia en racimo con aspecto paniculado. Pedicelos más cortos que las flores. Cáliz con sépalos erectos, soldados, frecuentemente con pequeños dientes en la base. Corola campanulada, en forma de embudo, azul pálido o blanquecina. Estilo glabro, violáceo.
Fruto	Cápsulas dehiscentes por poros apicales.
Floración	De marzo a julio.
Distribución	Se distribuye en caminos, colinas y sitios secos de la mayor parte de la península. En Madrid, se encuentra en casi toda la comunidad, más escasa en el sur. En el Parque Nacional de la Sierra de Guadarrama, se sitúa en caminos y dehesas.
Curiosidades	El rapincho se ha usado como cicatrizante de heridas y como astringente. Su raíz es comestible y se emplea en la preparación de ensaladas.

Lonicera etrusca

Madreselva, patas de gallina

Familia	Caprifoliaceae
Características	Arbusto trepador de 1-3 m de alto. Tallos largos, ramificados desde la base. La corteza de las ramas es grisácea, que se desprende con facilidad con lenticelas negras.
Hojas	Decusadas, colocadas formando cruz con las de los nudos superior e inferior. Caducas, enteras, redondeadas, sésiles o con peciolo corto. Glaucas, a veces verdes oscuras por el haz y más pálidas por el envés. Las hojas del par superior más cercanas a la inflorescencia, están unidas (connatas).
Flores	Hermafroditas en inflorescencia en capítulo, pentámeras y zigomorfas (simétricas a un plano). Pedunculadas y generalmente en grupos de tres, que salen de la misma hoja connata. Corola bilabiada, al principio blanco-rosada y después amarillenta-blanquecina. Muy aromáticas.
Fruto	Baya rojiza que aparecen al final de un pedúnculo con 5-7 semillas en su interior.
Floración	De abril a junio, fructificando de junio a agosto.
Distribución	En encinares, melojares y quejigares con un cierto grado de humedad de casi toda la península. En Madrid, se encuentra en la zona de piedemonte de la sierra y en los encinares del sureste. En la sierra de Guadarrama en las dehesas, riberas y zona de encinar.
Curiosidades	Sus flores acumulan en el fondo néctar que puede consumirse extrayendo la corola y chupando la parte baja. Las flores y las hojas poseen propiedades medicinales. No se aconseja su uso por lo difícil de su dosificación. Los frutos son tóxicos y provocan vómitos.

Lonicera periclymenum
Madreselva, mariselva

Familia	Caprifoliaceae
Características	Arbusto trepador de 3 a 5 m. Tallos ramificados desde la base, grisácea que se desprende con facilidad con numerosas lenticelas, orificios situados en la corteza para el intercambio de gases, negras densamente pelosas.
Hojas	Opuestas, caducas, enteras y elípticas o espatuladas. Pueden ser de un solo color, concoloro, sin pelo o en la variedad *hispanica* de nuestra zona, discoloro, con el haz verde y el envés blanco-azulado con pelos densos. Las hojas superiores, cercanas a las inflorescencias, libres en su base.
Flores	Hermafroditas en inflorescencia sobre pedúnculos largos, terminal en capítulos y zigomorfas. Las más tardías son estériles y de menor tamaño. Corola bilabiada, al principio rosa o blanco-rosada y después amarillenta externamente pelosa.
Fruto	Baya globosa y rojiza con semillas pardo-amarillentas.
Floración	De junio a agosto, fructificando hasta septiembre.
Distribución	Crece entre zarzales y zonas de ribera, en el centro y sur de la península, más esporádica hacia el norte. En Madrid se encuentra repartida en encinares, melojares y bosques de ribera del sur, oeste y norte. En el Parque Nacional de la Sierra de Guadarrama aparece en los sotos y melojares de toda su área.
Curiosidades	Las flores se suelen chupar para sacarlas el néctar azucarado por lo que en algunos lugares se la conoce como chupamiel. Al igual que otras madreselvas presentan frutos tóxicos.

Arenaria montana

Arenaria,
césped espinoso,
ala de mosca muerta

Familia	Caryophyllaceae
Características	Planta cespitosa, perenne, de 10 a 35 cm de altura con pelos cortos en tallos y hojas.
Hojas	Opuestas, de color verde-grisáceo, ovaladas-lanceoladas y con el nervio medio poco prominente. Son pelosas y sentadas.
Flores	Hermafroditas, solitarias o en cimas de hasta 6 flores. Cáliz peloso con sépalos libres a menudo acuminados. Corola con 5 pétalos enteros de color blanco con venas paralelas que terminan en el centro de la corola manchada de amarillo. Tiene 10 estambres muy patentes de color blanco.
Fruto	Cápsula dehiscente globosa, con semillas reniformes negras con la testa muy grande.
Floración	De abril a junio.
Distribución	Vive en bosques aclarados de melojo, roble, pino, alcornoque, etc., en sitios arenosos y rocosos, principalmente en el Levante y zona norte y centro de la península. En Madrid, la encontramos en toda la sierra y puntos del área central. En la sierra de Guadarrama, se sitúa en dehesas, pinares y melojares de todo el parque nacional.
Curiosidades	Se emplea en jardinería por su rusticidad, porte tapizante y su abundante floración blanca sobre las hojas verdes para cubrir rocallas y muretes a pleno sol o en semisombra y por sus bajos requerimientos hídricos y de suelo.

Paronychia argentea

Nevadilla, quebrantapiedras, hierba de la sangre, sanguinaria blanca

Familia	Caryophyllaceae
Características	Planta anual, de 5-40 cm. Tallo postrado, algo leñoso en la base y muy ramificado, algo pubescente.
Hojas	Opuestas, de 5-15 mm, oblongas o elípticas. Ápice mucronado y borde finamente aserrado con las estípulas aovado-lanceoladas más cortas que las hojas.
Flores	Inflorescencia en glomérulos (grupos densos de flores) globosos laterales y terminales abundantes. Brácteas que ocultan a las flores. Estas son hermafroditas, con pétalos ausentes y sépalos de margen membranoso, aristados en punta y de color blanquecino.
Fruto	En aquenio.
Floración	De marzo a junio.
Distribución	En baldíos, márgenes de caminos y pastos secos. Se encuentra dispersa en la península ibérica y Baleares, menos abundante en la zona cantábrica. En Madrid, la encontramos en zonas arenosas y pedregosas especialmente del centro y sur de la comunidad. En la sierra de Guadarrama, se puede descubrir en áreas degradadas y secas.
Curiosidades	Argéntea significa plateado, por el aspecto de las brácteas. Se ha empleado en tisana como hierba diurética, purificadora de la sangre y, como emplaste, para ayudar a cicatrizar heridas y quemaduras.

Silene colorata

Silene, colleja colorada, piruleta colorada

Familia	Caryophyllaceae
Características	Planta anual, ascendente, de 10-50 cm de alto con el tallo verde-rojizo.
Hojas	Opuestas y pelosas; las superiores lineales y las inferiores anchas y espatuladas.
Flores	Una en cada eje terminal y ramificación lateral, hermafrodita y pentámera. Cáliz con sépalos soldados más o menos romos, formando un tubo y con diez nervios oscuros marcados algo pelosos. Corola con 5 pétalos bipartidos de color rosado, rojizo a veces blanquecino.
Fruto	Cápsula ovoide, con semillas con dos alas onduladas en el dorso.
Floración	De enero a junio.
Distribución	Se sitúa en cultivos, pedregales y sitios arenosos de toda la península, excepto el norte y en Baleares. En la Comunidad de Madrid, la encontramos repartida por prácticamente todo el territorio. En el Parque Nacional de la Sierra de Guadarrama, la encontramos en las zonas de piedemonte, más abundante en la parte sur y norte del mismo.
Curiosidades	Dioscórides utiliza especies del género *Silene* como purgante provocando vómitos a los enfermos que sufrían ataques epilépticos. El botánico flamenco Lobelius, determina que *Silene* proviene del griego *síalon* que significa saliva o baba por la viscosidad que tiene alguna especie de este género.

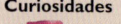

Spergularia purpurea

Espergularia,
arenaria roja,
hierba de la golondrina

Familia	Caryophyllaceae
Características	Hierba anual o bienal, endeble, de 3 a 25 cm, con tallos muy numerosos.
Hojas	Verticiladas, lineales y mucronadas. Tienen estípulas (apéndice foliáceo situado en la base del peciolo de las hojas) acuminadas, lanceoladas y plateadas.
Flores	Inflorescencia en cima, con flores hermafroditas y los pétalos mayores que los sépalos, de color rosa-purpúrea, con 10 estambres de antera y ovario amarillentos muy patentes.
Fruto	En cápsula con tres valvas. Semillas pequeñas, comprimidas y aladas.
Floración	De marzo a junio.
Distribución	Prefiere suelos arenosos, bordes de caminos, sembrados, etc. Se encuentra en la zona oeste, centro y sur de la península ibérica. En la Comunidad de Madrid, está presente sobre todo, en el centro y norte. En la sierra de Guadarrama, se distribuye dispersa por diversas zonas despejadas y soleadas a piedemonte.
Curiosidades	El género *Spergularia* tiene muchas características semejantes al de *Spergula*, por lo que muchos autores la incluyen en un solo género como *Spergula purpurea*. El nombre latino de *Spergularia* significa precisamente semejante a *Spergula* que del latín se traduce como «esparcir» por la abundante diseminación de las semillas.

Cistus ladanifer
Jara,
jara pringosa,
jara de ládano

Familia	Cistaceae
Características	Arbusto perenne, erecto, con corteza pegajosa pardo-rojiza, que no se desprende en tiras. Puede llegar hasta los 2,5 m de alto. Tallo leñoso duro con ramillas y, al igual que las hojas, impregnadas de una sustancia pegajosa y olorosa, el ládano.
Hojas	Sentadas o subsentadas. Opuestas, lineales o lanceoladas, con el margen algo doblado (revoluto). El haz es de color verde oscuro y el envés totalmente cubierto de pelos estrellados, con un nervio central muy marcado. Pegajosas al tacto.
Flores	Grandes, hermafroditas, solitarias, terminales, con pedúnculos cortos. Cáliz con 3 sépalos, con pelos verde-amarillentos, caedizos. Corola con 5 pétalos blancos, con una pequeña mancha amarilla en la base y, a veces, otra purpúrea sobre ella (maculata).
Fruto	En cápsula generalmente de 10 valvas dehiscentes, con numerosas semillas negras.
Floración	De abril a junio.
Distribución	Es una planta colonizadora por su carácter pirófito. Se encuentra en matorrales de sitios secos y pinares de la península, excepto gran parte del norte. En Madrid, la encontramos en la zona centro y oeste. En el Parque Nacional de la Sierra de Guadarrama, ocupa zonas abiertas de pinar y zonas degradadas.
Curiosidades	El ládano se utilizaba para hacer jarabes para la tos y como linimento diluido con alcohol.

Cistus laurifolius
Jara laurel,
jara de estepa

Familia	Cistaceae
Características	Arbusto erecto con la corteza que se desprende en tiras. Cepa leñosa de hasta 2 m de alto. Tallos grisáceos, no pegajosos.
Hojas	Pecioladas, ovales u oval-lanceoladas, con el margen ondulado. El haz es de color verde oscuro y el envés blanquecino, parecidas a las hojas del laurel.
Flores	De 5-10 cm de diámetro. Pedieladas, blancas con manchas amarillas en la base de los pétalos. Sin mancha purpúrea. Las flores se agrupan en grupos de 3-8 como si fueran una umbela terminal. Sépalos en número de 3 vellosos.
Fruto	En cápsula ovada, aguda, con tomento denso. Dehiscente en 5 valvas. Semillas muy pequeñas, globosas y lisas.
Floración	De mayo a julio.
Distribución	Se encuentra como estrato de robledales, encinares y pinares. Se sitúa en sitios secos y pedregosos del centro, este y sur de la península ibérica. En Madrid se encuentra en la sierra y piedemonte, encontrándola en todo el parque nacional acompañando a melojos y pinos.
Curiosidades	Tiene cierta toxicidad para el ganado. Se puede hibridar con la jara pringosa produciendo individuos con características comunes a las dos especies.

Cistus populifolius

Jarón,
jara macho,
hojaranzo, jara cervuna

Familia	Cistaceae
Características	Arbusto perenne, erecto, muy ramoso y oloroso. Mide entre 80 y 200 cm de alto. Tallo de corteza oscura, rojizo en los extremos donde están las hojas y las flores.
Hojas	Simples, opuestas y largamente pecioladas. Son enteras, ovaladas, acuminadas y acorazonadas por la base. Su color es verde intenso por el haz, algo más claro por el envés donde se marcan muy bien los nervios. Son lampiñas.
Flores	Grandes, hermafroditas, que nacen en número de 2 a 6 sobre largos pedúnculos con pelos largos. Tienen brácteas coriáceas que caen durante la floración. Cáliz con 5 sépalos con pelos verde-amarillentos. Corola con 5 pétalos blancos con mancha basal amarilla.
Fruto	En cápsula de 5 valvas dehiscentes, con pequeñas semillas rugosas.
Floración	De marzo a julio.
Distribución	Se encuentra en compañía de otras jaras, especialmente *C. laurifolius* y *C. ladanifer* con las que se hibrida. En umbrías y barrancos frescos de la zona sur peninsular, y más escaso en el noroeste y noreste. En la Comunidad de Madrid, solo se encuentra en el monte de la Jarosa, en el término municipal de Guadarrama.
Curiosidades	*Populifolius* significa hoja de *Populus*, por su parecido con álamos y chopos. Se utiliza en jardinería por sus grandes flores.

Halimium umbellatum

Jaguarzo,
juagarzo,
chaguazo

Familia	Cistaceae
Características	Arbusto de pequeño porte de hasta 75 cm de altura. Tallo con ramas cortas, ascendentes, densamente foliadas.
Hojas	Pequeñas, opuestas, sésiles, tomentosas de pelos estrellados o simples por el envés, de color verde oscuro. Poliformes (distintas formas): las de las ramas estériles, lineares, uninervias, de márgenes revolutos (doblados); las de las ramas floríferas, lanceoladas, con 3-5 nervios, revolutas o no.
Flores	Hermafroditas, pentámeras, solitarias o en inflorescencia en 2-5 verticilos de cimas, con 3-10 flores el superior y los sucesivos de 1-6. Pétalos blancos, no maculados. Estambres numerosos.
Fruto	En cápsula 4-8 mm, ovoide, acuminada, con pelos estrellados. Semillas de color castaño oscuro.
Floración	De febrero a julio.
Distribución	Aparece en jarales, pinares, brezales, en climas secos y suelos ácidos y arenosos. Se encuentra disperso por gran parte de la península ibérica menos en el norte. En Madrid, se encuentra la subespecie *viscosum* extendida principalmente por la zona oeste y por puntos del este y sur. En la sierra de Guadarrama la podemos encontrar en la zona de pinares.
Curiosidades	El género *Halimium* se está utilizando en xerojardinería por su abundante floración, resistencia y adaptación a zonas secas.

Xolantha guttata = *Tuberaria guttata*
Hierba turmera

Familia	Cistaceae
Características	Planta anual de hasta 40 cm de altura. Tallo ascendente, ramificado en la inflorescencia y pubescente.
Hojas	Las superiores son opuestas, lanceoladas y pelosas con los bordes revueltos (revolutas). Las hojas basales que salen en roseta, son elípticas y con peciolo corto.
Flores	Hermafroditas, en inflorescencia en racimo, con los pedicelos largos y laxos. Tiene 5 pétalos de color amarillo con manchas pardo-púrpuras en la base de los mismos. Ovario pubescente, blanquecino, muy visible y rodeado de numerosos estambres.
Fruto	Cápsula pubescente con tres valvas con numerosas semillas en su interior.
Floración	De marzo a agosto.
Distribución	Se encuentra en dehesas, pastos y sitios soleados, generalmente ácidos y arenosos en la mayor parte de la península y Baleares. En la Comunidad de Madrid, se encuentra principalmente en la zona oeste y norte de la misma. Es frecuente hallarla en todo el Parque Nacional de la Sierra de Guadarrama desde el piedemonte hasta la altura media del pinar, siempre en zonas claras y soleadas.
Curiosidades	Es una especie con gran variabilidad morfológica a lo largo de la península. Las que se encuentran en Madrid, son mucho más pubescentes, con flores de mayor tamaño que las del norte pero de menor porte que las del sur y oeste.

3 *Bellis perennis*

Margarita,
margarita menor, maya,
chiribita, vellorita

Familia	Compositae
Características	Planta perenne, a veces con un rizoma pequeño rastrero, de 5-25 cm de alto.
Hojas	Alternas, situadas en roseta basal. Son espatuladas, uninervias y con el limbo estrechado bruscamente en el peciolo.
Flores	Con un pedicelo de 2-15 cm de longitud, en capítulos con disco amarillento y pétalos blancos, a veces teñidos en el extremo de púrpura.
Fruto	En aquenio parcialmente pubescente con el vilano ausente.
Floración	De abril a junio.
Distribución	La encontramos generalmente en prados frescos y cunetas de toda la península. En Madrid, la podemos encontrar en zonas húmedas del centro y noroeste de la región. En la sierra de Guadarrama es fácil de encontrarla en los sitios húmedos.
Curiosidades	Se ha utilizado como remedio popular contra muchas enfermedades: heridas, ampollas, quemaduras y para disminuir inflamaciones. Las raíces se utilizaban en el tratamiento del escorbuto y eccemas. Las hojas, para hacer ensaladas.

Centaurea cyanus

Centaurea, azulejo,
aciano, escobilla,
aldiza, liebrecilla

Familia	Compositae
Características	Planta anual o bienal. Erecta y ramificada de entre 20 a 70 cm de alto. Tallos algo angulares, cubiertos de une especie de algodón.
Hojas	Alternas, verdosas, algodonosas, lineales y sentadas.
Flores	En capítulos solitarios sobre pedúnculos, siendo las flores externas de un color azul intenso y las internas algo más violáceas, alguna vez blancas o purpúreas. Tiene brácteas con un apéndice decurrente pardo.
Fruto	En aquenio con vilano siempre presente.
Floración	De abril a julio.
Distribución	Suele estar en campos de cereales y sitios secos y despejados, sobre sustratos ácidos, algo removidos. Se sitúa en el norte y centro de la península ibérica y en Baleares. En la Comunidad de Madrid la encontramos principalmente al norte y oeste de la misma. Fácil de encontrar en la sierra de Guadarrama en zonas abiertas.
Curiosidades	De las centaureas se han utilizado sus flores, hojas y semillas por sus propiedades curativas para mejorar eccemas de piel y conjuntivitis.

Cichorium intybus

Achicoria, amargón, almirón

Familia	Compositae
Características	Planta perenne, robusta con numerosas ramificaciones algo pubescente. Tallos marcadamente estriados, de 20-150 cm de alto.
Hojas	Alternas, pinnatífidas, glabras o tomentosas. Las hojas superiores están reducidas a brácteas.
Flores	Hermafroditas en capítulos solitarios en los extremos de las ramas, o sentados a lo largo del tallo, con lígulas azules, a veces rosadas o blancas, sostenidas por un pedúnculo largo y engrosado. Filamentos y anteras azulados.
Fruto	Aquenio con un vilano de una corona de escamas cortas.
Floración	De junio a septiembre.
Distribución	Caminos, taludes, baldíos y áreas degradadas, especialmente en suelos arenosos de toda la península y Baleares. Está muy extendida por toda la Comunidad de Madrid, menos abundante en la zona sur y este. Se puede encontrar en la sierra de Guadarrama, especialmente en zonas degradadas.
Curiosidades	La flor se abre a pleno sol y sigue la trayectoria de este. A pesar de su amargor, se utilizan las hojas y las raíces. En la medicina tradicional, se hacen emplastos para las irritaciones de la piel e infusiones para enfermedades del sistema digestivo y del hígado. La infusión de su raíz tostada se utiliza como sucedáneo del café.

Filago carpetana

Siempreviva,
evax,
filago de fruto peludo

Familia	Compositae
Características	Planta anual erecta, de hasta 6 cm de altura y de color grisáceo-blanquecino al ser tomentosa o lanosa.
Hojas	Blanquecinas, alternas, sentadas, plegadas por el medio nervio; las de la roseta, que rodean al involucro floral, lineares o linear-espatuladas, con el margen no sinuoso.
Flores	Inflorescencias en capítulos verdosos, pequeños y agrupados en glomérulos (agrupación densa de flores sentadas). Son hermafroditas, filiformes (en forma de hilo) las periféricas y flosculosas (en forma de tubo) las centrales.
Fruto	Aquenios de pequeño tamaño, pardos y pelosos.
Floración	De abril a junio.
Distribución	Endemismo de Francia y la península ibérica donde la podemos encontrar en pastizales y terrenos secos y soleados de la mitad centro y oeste. Aparece de manera dispersa por la Comunidad de Madrid, siendo más abundante en el centro y oeste. En la sierra de Guadarrama se puede observar sobre suelos pobres y secos del piedemonte.
Curiosidades	La taxonomía de este género es un poco confusa, ya que para algunos científicos existen dos géneros independientes *Filago* y *Evax*, mientras que otros consideran que se trata de sinónimos *Filago = Evax*, nombrando todas las especies como *Filago*. En algunas claves se puede encontrar como *Evax carpetana*.

Helichrysum stoechas

Siempreviva,
boja blanca,
manzanilla basta

Familia	Compositae
Características	Planta herbácea, muy variable a veces subleñosa, de 5 a 75 cm de alto. Los tallos erguidos son blanquecinos y tomentosos.
Hojas	Alternas, lineares, verde-grisáceas, tomentosas y que, al ser frotadas, despiden un fuerte olor.
Flores	Periféricas femeninas y las centrales hermafroditas. De un tamaño de 3-4 mm, están reunidas en inflorescencias en capítulos globosos antes de abrirse. El involucro, brácteas alrededor de las flores, está imbricado. Estas brácteas son escariosas, amarillas o teñidas de anaranjado; las externas ovadas y las internas oblongas.
Fruto	En aquenios pardos con vilanos para la diseminación de la semilla.
Floración	De abril a julio.
Distribución	Frecuente en pinares aclarados, matorrales, pastos arenosos o secos y soleados, bordes de caminos sobre todo tipo de suelos. Muy común en la península y Baleares. En Madrid aparece en toda la comunidad. En la sierra de Guadarrama es habitual encontrarla en cualquier zona.
Curiosidades	*Helichrysum* significa sol de oro por el color de sus flores. Contienen gran cantidad de principios activos y se utilizan en infusión ya que tienen propiedades antifebriles, anti-inflamatorias y contra las afecciones de pecho. Se emplea como flor seca en arreglos florales.

43

Onopordum acanthium

Toba, cardo de burro,
cardo borriquero, cardo ruso,
alcachofa salvaje

Familia	Compositae
Características	Planta bienal de hasta 2 m de alto. Tallo ramificado desde la base, muy robusto, espinoso y grisáceo. Tiene expansiones espinosas aladas y ramas erguidas.
Hojas	Alternas, dentadas, pinnatisectas o pinnatipartidas. Las inferiores son pecioladas y las demás sentadas. El haz está cubierto de un fieltro de pelos blanquecinos o cenicientos.
Flores	Numerosas. Hermafroditas, reunidas en inflorescencias en capítulos globosos. Son de color púrpura rara vez blanca, de 15-25 mm. Cáliz modificado en vilano de pelos cortos.
Fruto	Aquenio de 4-5 mm.
Floración	De junio a agosto.
Distribución	La podemos encontrar al borde de los caminos, roquedos y sitios secos de la península, siendo más raro en la zona suroeste y cornisa cantábrica. En la Comunidad de Madrid, está dispersa por toda ella siendo menos habitual en el este. Fácil de encontrar en el Parque Nacional de la Sierra de Guadarrama, en zonas de baldíos, dehesas y sitios abiertos.
Curiosidades	Contiene alcaloides, taninos y otros principios amargos. Se ha usado como remedio casero contra la tos, las dolencias de la vejiga y las heridas mal cicatrizadas. De los tallos se saca un zumo fermentado. Los receptáculos de los capítulos son comestibles y son muy apetecidos por los burros, de ahí su nombre vernáculo.

Scolymus hispanicus
Cardillo,
tagarnina,
cardo de olla

Familia	Compositae
Características	Planta perenne, con tallos erectos que pueden llegar a 1-1,50 m de altura. Espinosos, ramificados desde la base aunque en algunas ocasiones pueden ser simples, verdosos-blanquecinos.
Hojas	Las de la roseta basal, pinnatipartidas pecioladas con pocas espinas; las del tallo, rígidas, pinnatífidas, espinosas.
Flores	En capítulos axiales, con 1-3 hojas involucrantes (que rodean por debajo a los capítulos) espinosas. Las flores son amarillas, hermafroditas, grandes y llamativas, con lígula pelosa en la parte superior del tubo.
Fruto	Aquenio con un vilano con corona de pelos cortos y ásperos.
Floración	De mayo a agosto.
Distribución	Aparece en cualquier zona incultivada, eriales, cunetas y zonas donde abunde el ganado como los descansaderos de vacuno de cualquier parte de la península, Baleares e, incluso, Canarias. En la Comunidad de Madrid, muy abundante, algo más escaso en la zona este. En el Parque Nacional de la Sierra de Guadarrama es fácil de encontrar sobre todo en prados y dehesas pastadas.
Curiosidades	Las hojas basales se utilizan para ensaladas, guisos, sopas, etc. Sus flores amarillas, se han utilizado para adulterar el azafrán y como tinte. La raíz es diurética y, tostada, se ha utilizado como sustitutivo del café. El látex tiene fermentos con los que se cuaja la leche.

Senecio jacobaea
Hierba de Santiago, azuzón, hierba cana

Familia	Compositae
Características	Planta bienal o perenne de 15-120 cm de alto. Tallos erectos, ramificados en la inflorescencia con hojas en toda su longitud.
Hojas	Alternas. Las superiores son pinnadolobuladas o pinnadopartidas, con nervios pinnados y las basales con el lóbulo terminal muy grande. Estas se blanquean y secan durante la floración.
Flores	Capítulos agrupados en racimos densos, hermafroditas. Son amarillas brillantes.
Fruto	Aquenios, lampiños y pardos.
Floración	De junio a noviembre.
Distribución	En pastos pobres, caminos, cultivos abandonados y sitios algo húmedos de toda la península. En Madrid, se encuentra a lo largo de toda la comunidad, especialmente en la zona centro y oeste. En la sierra de Guadarrama, se puede observar en cualquier parte del territorio en dehesas, cunetas de caminos, baldíos, etc.
Curiosidades	Es tóxica para el ganado ya que le produce hemorragias intestinales y lesiones hepáticas. Por su gran contenido de alcaloides puede causar daños en el hígado humano. El nombre de *Senecio* procede del latín que significa que envejece, por el color blanquecino que adquieren las hojas basales en primavera y del que procede el apelativo castellano de hierba cana.

Silybum marianum
Cardo de María, cardo borriquero, cardo lechal

Familia	Compositae
Características	Planta anual o bienal, espinosa, que puede llegar hasta 2,50 m de alto. El tallo, verde, tiene un denso tomento blanquecino.
Hojas	Las de la roseta basal formada por hojas alternas, bordes lobulados y espinas, de color verde brillante y nervios blancos muy marcados. Hojas del tallo sentadas, pinnatífidas, disminuyendo de tamaño al ascender por el tallo.
Flores	En capítulos solitarios, terminales y pedunculados. Hermafroditas de color rojizas-purpúreas. Brácteas externas en forma de pincho curvo de 8-15 mm. Estambres con cinco anteras soldadas en tubo.
Fruto	Aquenio negro con vilano muy caedizo.
Floración	De abril a agosto.
Distribución	Se sitúa en caminos, baldíos, tierras cultivadas y sitios pedregosos despejados en toda la península, Baleares y Canarias. En Madrid se puede encontrar en todo el territorio de la comunidad. En la sierra de Guadarrama es frecuente en zonas soleadas incultivadas.
Curiosidades	Los frutos se usan con fines medicinales, contra las afecciones del hígado y vesícula biliar. También se usa en casos de intoxicación por amanitas. Es un potente hepatoprotector sobre cirrosis, hepatitis, hígado graso y envenenamiento hepático. Tóxica para el ganado.

Taraxacum obovatum
Diente de león

Familia	Compositae
Características	Es una planta vivaz, anual y perenne de hasta 40 cm de alto. El tallo floral es robusto y al romperse produce un jugo lechoso.
Hojas	Están situadas en roseta basal. Son pinnatisectas o enteras, espatuladas u ovaladas, a veces con vellosidades en el nervio central que es de color verde o purpúreo.
Flores	Inflorescencia en capítulos solitarios de 15-30 mm de diámetro con lígulas amarillas que tienen una banda pardusca en el dorso. Son hermafroditas.
Fruto	Es un aquenio pardo, con vilano para su diseminación.
Floración	De primavera a finales de verano.
Distribución	Abundante. Se sitúa en bosques, prados y céspedes de la península y Baleares. En Madrid se encuentra principalmente en la zona norte y oeste. En el parque nacional, es reconocible en praderas, bordes de caminos, claros de bosques, etc., en compañía de otras especies del género *Taraxacum*.
Curiosidades	Puede actuar en el hígado, riñón y la vesícula biliar. También es un tónico digestivo. En su uso tópico es eficaz para limpiar las impurezas de la piel. Sus hojas comestibles se utilizan para ensaladas. Es una de las principales especies de interés apícola por su cantidad de néctar y polen.
	Entre los dientes de león hay linajes apomícticos, que generan semillas sin necesidad de recibir polen, cada planta nueva es idéntica a su progenitor. Parece que esta estrategia les permite sobrevivir en lugares difíciles y colonizar nuevos territorios

Tragopogon porrifolius
Salsifí blanco, barba cabruna

Familia	Compositae
Características	Es una planta anual o bienal herbácea que puede alcanzar hasta un metro de altura.
Hojas	Lineales, que rodean parcialmente el tallo, engrosadas en la base con un color rojizo.
Flores	Inflorescencia en capítulo protegidas por 8-10 brácteas de color verde sobre un pedúnculo hinchado. Son de color violeta oscuro, muy llamativo, con el contraste amarillo de las anteras.
Fruto	Es un aquenio que termina en pico. Las semillas, anemócoras (que se diseminan por el viento), forman un vilano blanco de forma algodonosa.
Floración	De abril a julio.
Distribución	Aparece en praderas a pleno sol y zonas secas de la península, más escasa en la zona oeste, y en Baleares. En la Comunidad de Madrid la podemos encontrar dispersa por todo el territorio, especialmente en la zona centro y este. En la sierra de Guadarrama, se la puede ver en las zonas más secas de los herbazales de la rampa serrana.
Curiosidades	*Tragopogon* significa «barba de macho cabrío» por la forma en que queda la inflorescencia al marchitarse. *Porrifolius*, por su parecido a las hojas del puerro. Según Dioscórides, la raíz es larga y dulce de sabor agradable una vez cocida. Se le atribuyen propiedades diuréticas. Al parecer sus frutos pueden ser venenosos.

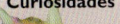

Convolvulus arvensis
Corregüela, carrigüela, campanillas

Familia	Convolvulaceae
Características	Planta perenne con rizomas ramificados. Rastrera o trepadora, de hasta 2 m de largo. Tallos volubles, muy ramificados, de sección frecuentemente poligonal, con resaltes lineares.
Hojas	Alternas, pecioladas, sagitadas, mucronadas de margen entero.
Flores	Hermafroditas, pentámeras (cáliz y corola de 5 piezas) con brácteas lineares o lanceoladas, agudas. Inflorescencia con 1 o 2 flores, laxas, pedunculadas y erectas. Cáliz con sépalos coriáceos con el margen membranoso. Corola embudada, blanca o con 5 bandas longitudinales rosadas, rara vez toda rosada. Estambres con filamentos y anteras blancas.
Fruto	En cápsula ovoide, lampiña, con 3-4 semillas de color pardo oscuro.
Floración	Puede florecer en cualquier mes del año, siendo menos frecuente en invierno.
Distribución	Se encuentra en baldíos, cunetas, campos abandonados, cultivos y caminos de toda la península, Baleares y Canarias. En la Comunidad de Madrid y en la sierra de Guadarrama se encuentra en cualquier zona.
Curiosidades	Ocupa fácilmente grandes superficies y se enreda a las plantas debilitándolas ya que les hace la competencia por la luz, el agua y los nutrientes. Es muy propensa a ser infectada por el hongo del oídio.

Sedum hirsutum

Uva de gato,
sedo

Familia	Crassulaceae
Características	Planta perenne, rupícola, de hasta 20 cm de alto. Tallos algo inclinados.
Hojas	Alternas, carnosas, pubescentes, semicilíndricas o con una cara plana. Tienen capacidad de almacenar agua. Son verdes con matices rojizos.
Flores	Hermafroditas en inflorescencia en cima. Los pedúnculos florales de 1,5 a 2,5 mm con cinco pétalos rosados o blancos, a menudo con una vena rojiza o verde.
Fruto	Erecto o algo inclinado de color pardo, con numerosas semillas diminutas.
Floración	De mayo a agosto.
Distribución	Se encuentra en paredes y rocas especialmente de la parte norte y oeste de la península. En Madrid, se encuentra especialmente en las zonas de piedemonte serranas. En el Parque Nacional de la Sierra de Guadarrama se puede observar fácilmente entre los roqueros graníticos.
Curiosidades	El término sedo proviene del latín *sedum*, «sentado», debido a la forma en que algunas especies se adhieren a las rocas. Son plantas muy adaptadas a la sequía, debido a la capacidad de almacenar agua en sus hojas carnosas. Tienen gran facilidad de reproducción, por esqueje, semilla u hoja (echa raíces enseguida en contacto con la tierra), por lo que se convierte en ocasiones en invasoras. Son muy apreciadas en jardinería para la decoración de rocallas, arriates, borduras o como tapizantes bajo árboles y arbustos.

51

Cardaria draba

Florida,
capellanes,
draba florida, mastuerzo

Familia	Cruciferae
Características	Planta perenne con rizomas. Erecta y densa de 10 a 70 cm de alto. Tallo herbáceo, ramoso.
Hojas	Alternas, simples, con el margen entero o dentado. Las de la base no persistentes, pecioladas, y las superiores, sésiles, dentadas y abrazadoras a lo largo del tallo.
Flores	Hermafroditas, con corola y cáliz con cuatro piezas (tetrámeras) en inflorescencias en corimbo. Pétalos blancos el doble de largo que los sépalos.
Fruto	Verdoso en silícula indehiscente, con las valvas globosas.
Floración	De marzo a julio.
Distribución	Muy rupestre, vive en suelos nitrófilos e incluso salinos, en caminos, baldíos, solares, etc., de toda la península y Baleares. En la Comunidad de Madrid es más abundante en la zona centro y sureste. En la sierra de Guadarrama la podemos encontrar en cualquier zona ruderal.
Curiosidades	Es una planta tóxica. Las semillas se han utilizado como sucedáneo de la pimienta. Es muy apreciada por las abejas como planta melífera. Su nombre latino, *Cardaria*, significa corazón por la forma que tienen las silículas de los frutos.

Bryonia dioica
Nueza,
espárrago de nuez

Familia	Cucurbitaceae
Características	Planta perenne, de raíz tuberosa. Trepadora por zarcillos, puede llegar a alcanzar hasta 4 m. Tallo cuadrangular, fibroso.
Hojas	Alternas, pecioladas, palmeadas, acorazonadas en la base. El haz es de color verde oscuro y el envés glauco. Generalmente son ásperas por la presencia de pelos provistos de depósitos calcáreos.
Flores	Unisexuales. Las masculinas están en racimos de hasta 17 flores y las femeninas en corimbo en un número máximo de 7 flores. Corola lobulada hasta la mitad. Las flores son de color blanco-verdoso y los estambres tienen un filamento pubescente-viloso.
Fruto	En baya, de hasta 10 mm de diámetro. Es liso, verde cuando es joven y rojizo al madurar. Las semillas son plano-convexas o biconvexas, con la testa cubierta de pruina y con finos granos.
Floración	De abril a septiembre.
Distribución	Se encuentra en sitios rocosos, cunetas, ribazos, etc., de toda la península. En la Comunidad de Madrid aparece en todas las zonas al igual que en cualquier territorio de la sierra de Guadarrama.
Curiosidades	Toda la planta es altamente tóxica. La raíz puede causar inflamación intestinal, diarreas, hemorragias, etc., al igual que sus frutos que pueden producir la muerte por colapso cardiorespiratorio. Se ha utilizado como purgante enérgico y planta abortiva.

Erica arbarea

Brezo, brezo blanco, brezo castellano, berezo

Familia	Ericaceae
Características	Arbusto perenne de hasta 5 m, muy ramoso y erecto. Tallos jóvenes blanquecinos con pelos patentes.
Hojas	Situadas en verticilos de 3 a 4, lineares tan revolutas (borde doblado) que no dejan ver el envés. Pueden ser glabras o pelosas; las jóvenes con cilios glandulíferos muy cortos.
Flores	Hermafroditas, en inflorescencias muy numerosas en umbela en el ápice de las cortas ramitas laterales. Tienen pedicelos gruesos, pardo-amarillentos con 2-3 pequeñas bracteolas insertas en la mitad inferior. Sépalos soldados por la base, blanquecinos y corola acampanada, blanca.
Fruto	Cápsula glabra, que se abre en 4 valvas. Semillas elípticas finamente estriadas.
Floración	De febrero a julio.
Distribución	Aparece en bosques frescos y sombríos, preferentemente silíceos por toda la península, Baleares y Canarias, especialmente en la zona norte y noreste. En Madrid, en las zonas montañosas del Guadarrama y Somosierra, como compañera del pino.
Curiosidades	La madera de la raíz se utilizaba para la fabricación de pipas. En medicina se utilizan las flores como diurético, ya que son antisépticas y sedantes urinarias. Se emplean también para combatir la fragilidad del cabello. Tienen un importante papel en la restauración de suelos degradados.

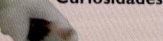

Geranium sanguineum

Aguja sangrienta,
geranio de sangre,
pico de cigüeña

Familia	Geraniaceae
Características	Planta perenne, erecta, ramosa, de entre 10-45 cm, con rizomas densos y rastreros. Tallos pubescentes, con largos pelos blancos.
Hojas	Muy divididas, pecioladas, opuestas, palmatipartidas y con 5 a 7 lóbulos de color verde brillante.
Flores	Hermafroditas, pedunculadas generalmente con una flor solitaria. Pétalos purpúreos-rojizos, rara vez rosas o blancos, de más de 10 mm, escotados, con los nervios más oscuros marcados. Estilo de color granate llamativo.
Fruto	Esquizocarpo, algo peloso, dividido en 5 partes.
Floración	A finales de primavera y en verano.
Distribución	Se puede encontrar en claros de bosques, sitios rocosos y arenosos de la parte central y norte de la península. En Madrid, lo encontramos en la sierra y en la zona de Rivas-Vaciamadrid. Es común en el piedemonte y zonas medias de la sierra de Guadarrama.
Curiosidades	Las distintas especies de geranios contienen aceites esenciales, ácidos orgánicos y taninos, que producen acciones astringentes, analgésicas y antisépticas, utilizándose también en uso tópico para inflamaciones, heridas y úlceras. Es utilizada en jardinería por su rusticidad, densidad y colorido.

Hypericum perforatum

Hipérico, pericón, hierba de San Juan

Familia	Guttiferae
Características	Planta perenne, estolonífera de 15 a 19 cm. Los tallos erectos se levantan de una base tumbada con glándulas negras y 2 finas líneas longitudinales.
Hojas	Opuestas, sésiles, ovadas, obtusas o mucronadas, con glándulas negras y también con glándulas translúcidas. Brácteas de 4-6 mm, lanceoladas sin glándulas negras o con algunas translúcidas.
Flores	Hermafroditas, pentámeras, con inflorescencia al final de los tallos en corimbo. Sépalos ovados y acuminados, normalmente sin glándulas negras. Pétalos de color amarillo, asimétricos, con glándulas negras puntiformes a veces lineares.
Fruto	Cápsula, ovoide y rojiza con semillas negras.
Floración	De mayo a septiembre.
Distribución	Aparece en bosques claros, praderas y sitios secos de toda la península y Baleares. En Madrid, está repartida por toda la comunidad. En la sierra de Guadarrama, la encontramos en dehesas, cunetas, pastos y sitios abiertos.
Curiosidades	Las glándulas del hipérico tienen aceites esenciales que ya fueron recomendadas por Hipócrates como antiinflamatorio y Dioscórides para la orina y, en crema, para las quemaduras y cicatrizante. Su denominación hierba de San Juan es porque se recolectan las flores en esa fecha.

Lamium amplexicaule
Zapatitos de la Virgen, lamio, ortiga muerta

Familia	Labiatae
Características	Planta anual, erecta y ramificada desde la base. Pubescente, de 10 a 30 cm de alto. Tallos ascendentes.
Hojas	Opuestas, sentadas o subsentadas, ovadas y con el borde lobulado o crenado.
Flores	Hermafroditas, reunidas en la parte alta del tallo en 2-5 verticilastros (conjunto de flores muy juntas) con numerosas flores cada uno. Brácteas amplexicaulas, es decir, que abrazan al tallo, generalmente más anchas que largas; reniformes con incisiones a veces teñidas de color púrpura. Cáliz con cinco sépalos soldados, densamente peloso. Corola pequeña de color rosa o púrpura, raramente blanca. Polen color anaranjado o rojizo.
Fruto	En núculas de color castaño, por lo general con puntos blancos muy abundantes.
Floración	De enero a julio.
Distribución	Aparece en cultivos, praderas, cunetas y baldíos, en la mayor parte de la península y Baleares. En Madrid, se encuentra repartida en toda la comunidad especialmente en el centro de la misma. En el Parque Nacionalla Sierra de Guadarrama está en las zonas de pastos y dehesas.
Curiosidades	Es una planta melífera, siendo de las primeras que se abren incluso en invierno. Puede ser tóxica para el ganado. La raíz y las hojas son comestibles utilizándose en ensaladas.

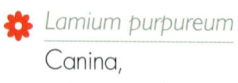

Lamium purpureum
Canina,
ortiga muerta

Familia	Labiatae
Características	Planta anual de 10-50 cm. de alto. Tallo cuadrangular, con pelos finos, cortos y en poca cantidad, desnudo hasta casi el ápice donde se amontonan las hojas y las flores.
Hojas	Opuestas, dentadas de forma regular, pecioladas y ovaladas. Son más anchas que largas. Las brácteas son pecioladas con un ligero color rojizo.
Flores	Hermafroditas que se agrupan en una inflorescencia densa, piramidal. En cada verticilastro (verticilo denso), de 6 a 16 flores de color púrpura. Corola bilabiada, con el tubo recto. Labio superior entero e inferior de unos 2 mm. Androceo con 4 estambres y anteras pelosas.
Fruto	Núcula dividida en 4 cavidades de color castaño verdoso con puntos blancos.
Floración	De marzo a agosto.
Distribución	Lo encontramos en herbazales nitrófilos, en bordes de camino y tierras cultivadas de la península menos en la zona del Levante. En Madrid, está repartida por toda la comunidad, especialmente al oeste y al sur. En la sierra de Guadarrama, podemos localizarla en dehesas, pastizales y bordes de caminos.
Curiosidades	Planta maloliente. El botánico francés del siglo XVII, Tournefort, apunta que *Lamium* procede de Lamia que era un diablo que asustaba a los niños y la flor se asemeja a la cara de dicho demonio.

❀ *Lavandula pedunculata =*
  L. stoechas pedunculata

Cantueso, hierba de San Juan, tomillo de burro, galanitas del Señor

Familia	Labiatae
Características	Arbusto perenne de hasta 1 m de alto, muy ramificado. Tallo cuadrangular, más o menos leñoso, ramas blanquecinas por la presencia de pelos.
Hojas	Simples, opuestas, lineales, con el borde vuelto hacia adentro (revolutas). Verde-grisáceas, tomentosas por el envés. Tienen un nervio medio muy marcado.
Flores	Hermafroditas en inflorescencia de espiga terminal muy densa, cuadrangular, con un penacho de 2-5 brácteas superiores de color violáceo que atraen a los insectos polinizadores. Las inflorescencias están sobre un largo pedúnculo sin hojas con 6-10 flores de color morado oscuro.
Fruto	Está formado por cuatro nuececillas encerradas en el tubo del cáliz de color oscuro.
Floración	De abril a julio.
Distribución	En sitios secos de la península, Baleares y Canarias (donde pudo ser introducida), faltando solo en puntos del norte y noroeste peninsulares. Esta especie del género *Lavandula* aguanta mejor el frío del interior, es la más frecuente en el Sistema Central. En Madrid se encuentra en la sierra de Guadarrama y en la zona sureste sobre gravas y arenas.
Curiosidades	Desprende un agradable olor por lo que se ha utilizado destilando sus resinas para la obtención de perfumes y en la medicina popular. La infusión de sus flores secas combate la fiebre y las afecciones de pecho y bronquios. Es una planta melífera.

Prunella laciniata
Brunela,
hierba de las heridas

Familia	Labiatae
Características	Planta de base leñosa de hasta 25 cm, estolonífera. Tallo ascendente, tomentoso, con pelos erizados.
Hojas	Las superiores lobuladas o pinnadolobuladas. Las basales, enteras, pecioladas, pelosas sobre todo por el envés y los nervios, a veces, con pelos blanquecinos.
Flores	Inflorescencias de 3-9 verticilos en racimos, cortos y densos con un par de hojas subyacentes. Están protegidas por unas brácteas ovadas y acuminadas, con nerviación anatomasta o reticular. Generalmente, son curvadas y de color verde pálido, alguna vez púrpura. Flores con pedicelos cortos. Cáliz con 13 nervios, vellosos en la base, con el labio superior tridentado y el inferior bilobulado. Corola bilabiada, de color blanco-amarillento, rara vez rosa o púrpura.
Fruto	Pequeñas núculas (nuececillas) de color castaño claro.
Floración	De mayo hasta agosto.
Distribución	Se encuentra en bosques claros y prados con humedad de toda la península, más rara en el extremo noroeste y en Baleares. En Madrid, en zonas húmedas del oeste y norte de la comunidad. En el Parque Nacional de la Sierra de Guadarrama, en dehesas y claros húmedos.
Curiosidades	Se está empezando a utilizar en jardinería mediterránea (xerojardinería) por su floración y densidad de mata.

Tomillo blanco, mejorana silvestre

Familia	Labiatae
Características	Mata de 20-70 cm, ramificada desde la base, perenne y muy olorosa.
Hojas	Persistentes, pequeñas y planas. Son alternas, pecioladas, lanceoladas y sin cilios (pelos) en la base. Tiene hojas invernantes más pequeñas y pelosas.
Flores	Blancas hermafroditas, con cáliz de 4-7 mm. Forman ramilletes más o menos esféricos. Los sépalos son mucho más largos que el tubo del cáliz.
Fruto	Pequeño en tetranúcula (cuatro nuececillas).
Floración	De mayo a julio.
Distribución	Se sitúa en colinas secas acompañando a coscojares, encinares, jarales, rebollares, etc. Es una especie endémica de la península ibérica, menos abundante en el litoral mediterráneo. En Madrid está repartida por toda la comunidad. En la sierra de Guadarrama, es bastante abundante encontrándolo en zonas de rebollo y encinar, acompañando en los claros de las repoblaciones de pino que ocupan esas mismas zonas.
Curiosidades	Es un condimento usado tradicionalmente en gastronomía para adobar alimentos. Posee un fenol, el timol, que le proporciona el aroma, por esto se emplea en perfumería. En medicina popular, se utiliza especialmente como antiséptico y antitusivo. Resulta ser un buen conservante, los antiguos egipcios lo aplicaban para preservar las momias del deterioro.

Adenocarpus hispanicus

Cambroño,
codeso,
rascavieja

Familia	Leguminosae
Características	Arbusto perenne, muy ramificado desde la base. Las ramas viejas son blanquecinas y las jóvenes cubiertas de pelos sedosos. Puede llegar hasta 2 m de altura. Tallo densamente foliado. El tronco leñoso pierde las últimas capas de corteza en tiras longitudinales.
Hojas	Compuestas, pecioladas, trifoliadas de color verde blanquecino por el envés que le da un cierto aspecto plateado.
Flores	Amariposadas agrupadas en inflorescencias en racimo denso, con más de 7 flores. Corola amarilla-anaranjada. Olorosás.
Fruto	Legumbre con numerosas glándulas de color pardo con 2-8 semillas ovoides, comprimidas de un color verde oscuro.
Floración	De mayo a julio pudiéndose prolongar durante todo el verano.
Distribución	Endemismo ibérico, se encuentra en matorrales del centro de la península. En la Comunidad de Madrid, está en todo el parque nacional desde Guadarrama hasta Somosierra, sobre todo en los claros del pinar.
Curiosidades	*Adenocarpus* en griego significa glándulas en los frutos. Por la densidad de su follaje se ha utilizado como seto silvestre entre fincas y se cultiva también como planta ornamental.

Lathyrus cicera

Cicércula, alcaballares, almorta silvestre, chícharo, galgana

Familia	Leguminosae
Características	Planta anual, trepadora con zarcillos, de 15-80 cm. Tallos verdes, glabros o ligeramente hirsutos (ásperos), alados o membranosos.
Hojas	Compuestas, alternas, con uno o dos pares de foliolos opuestos, paralelinervios y lanceolados. Tiene unas anchas estípulas.
Flores	Solitarias, hermafroditas, papilionáceas, sobre pedúnculos. Sépalos dos veces más largos que el tubo, con dientes iguales. Corola púrpura-rojiza o roja, al secarse pálida, con los nervios de coloración más intensa.
Fruto	En legumbre, dehiscente, de hasta 50 mm, con 3-6 semillas.
Floración	De primavera a verano.
Distribución	Se encuentra en cultivos, viñedos y pastos sobre todo en Extremadura, suroeste, centro y este de la península y Baleares. En Madrid, lo encontramos principalmente en el centro y sur de la comunidad. En la sierra de Guadarrama, la podemos descubrir sobresaliendo las flores rojas sobre el verde de los prados naturales.
Curiosidades	Es una de las especies que producen latirismo, enfermedad que puede afectar al sistema nervioso central y que desencadena parálisis de los miembros inferiores. También puede afectar a los huesos retrasando el crecimiento en los niños. Se le atribuye producir fragilidad en las paredes de los capilares sanguíneos. *L. cicera* suele destinarse a piensos y forrajes.

Lupinus angustifolius

Altramuz, altramuz azul, alberjón, haba de lagarto

Familia	Leguminosae
Características	Planta herbácea anual de hasta 1 m de alto, pubescente. Tallo ramificado desde la base o a partir de una cierta altura.
Hojas	Pecioladas, alternas, palmeadocompuestas con 5-9 foliolos, lineares de hasta 5 mm de ancho, con el ápice redondeado o truncado, con el haz glabro y el envés pubescente.
Flores	Hermafroditas en racimos terminales laxos que llegan a tener hasta 30 flores alternas, dispersas a lo largo del eje, con pedicelos cortos. Corola azul a veces blanca o rosada.
Fruto	Legumbre pubescente o hirsuta de hasta 70 mm de longitud, amarillenta, parda o negra. En su interior de 3 a 6 semillas globosas, blancas o cremosas con manchas grises o pardas.
Floración	De marzo a agosto.
Distribución	Aparece en suelos ácidos, neutros, arenosos, en cultivos abandonados, eriales, bordes de los caminos, matorrales degradados, etc., de casi todas las provincias peninsulares y Baleares. En la Comunidad de Madrid, muy abundante en toda ella. Está muy repartida en la sierra de Guadarrama sobre todo en eriales y dehesas.
Curiosidades	El tamaño, forma y coloración de la semilla es muy variable. Se comporta generalmente como autógamo, es decir se autofecunda, aunque también hay un cierto grado de alogamia (fecundación cruzada). Tóxica para el ganado.

Lupinus hispanicus
Altramuz, alberjón, haba de lagarto

Familia	Leguminosae
Características	Planta herbácea anual de 15-70 cm. Tallo ramificado desde la base, con las ramas inferiores ascendentes.
Hojas	Largamente pecioladas, alternas, palmeadocompuestas con 4-9 foliolos más anchos que los del angustifolia. El haz glabro generalmente o con pelos largos, dispersos y el envés, pubescente.
Flores	Hermafroditas en racimos terminales densos, formados por 4-7 verticilos de 5 flores, con pedicelos muy cortos. Corola primero crema y luego azulada, rosada o lila en todos los verticilos.
Fruto	Legumbre pubescente de hasta 50 mm de longitud, terminada en pico punzante y curvo. En su interior, 4-5 semillas orbiculares o subesféricas, blancas o pardo-verdosas.
Floración	De abril a agosto.
Distribución	La encontramos en campos de cultivos, cunetas, matorrales sobre suelos neutros o ligeramente ácidos preferentemente de la zona centro y oeste de la península. En Madrid está en todo el oeste y norte de la comunidad. En el Parque Nacional de la Sierra de Guadarrama, la podemos encontrar en terrenos abiertos y en las dehesas.
Curiosidades	Desprende un olor peculiar muy intenso. No confundir con *Lupinus albus*, de corola blanca intensa de donde se sacan los altramuces o chochos para el consumo humano, una vez dejadas las semillas en remojo para que disminuyan su toxicidad y se vuelvan blandas y turgentes.

Ononis spinosa

Abreojos,
gatuña, uñagata,
quiebra arados

Familia	Leguminosae
Características	Arbusto perenne de 10-80 cm, leñoso en la mitad inferior, erecto y espinoso. Tallos pubescentes, enraizantes en los nudos inferiores.
Hojas	Alternas, unifoliadas o trifoliadas, ovaladas, aserradas y pubescentes. Estípulas soldadas parcialmente al peciolo. Tallos con espinas más largas que las hojas.
Flores	Inflorescencia en racimos terminales, con las flores más o menos solitarias y axilares. Flores hermafroditas, pentámeras, cortamente pediceladas y erectas. Corola papilionácea tan larga o más que el cáliz. Estandarte peloso rosado, alas y quilla blanca con el ápice rosado.
Fruto	En legumbre. Vaina, de 3-7 mm, pubescente y con 1-4 semillas pardas.
Floración	De abril a septiembre.
Distribución	En sitios secos, cunetas, dunas, pastos generalmente en sustratos básicos, más raro en ácidos de la península y Baleares. En Madrid, lo encontramos sobre todo en la parte central y sur de la comunidad. En la sierra de Guadarrama, se suelen encontrar en las zonas más secas del piedemonte serrano.
Curiosidades	Las raíces y flores de *Ononis* tienen aceites esenciales y taninos con propiedades diuréticas por lo que se han utilizado como depurativo general.

Trifolium pratense

Trébol,
trébol pratense,
trébol rojo

Familia	Leguminosae
Características	Planta cespitosa herbácea, ramificada y compacta de entre 10 y 95 cm. Tallos erectos, cilíndricos, huecos. Raíz pivotante con muchas raíces secundarias.
Hojas	Perennes, compuestas por tres foliolos grandes. Son hojas alternas, pecioladas, aovadas, con una mancha verde más clara en el haz en forma de media luna. Estípulas aovadas terminadas en punta de saeta.
Flores	Hermafroditas en inflorescencia en capítulo, globosa, terminal y sentada. Corola violeta, rosácea o rojiza, rara vez blanca, rodeada en la base por estípulas ensanchadas de las hojas superiores.
Fruto	En legumbre sentada monosperma, dehiscente, que está incluido en el cáliz.
Floración	De abril a octubre.
Distribución	Se encuentra en prados de la península y Baleares. En la Comunidad de Madrid, la encontramos natural o cultivada en las zonas húmedas del norte y oeste. Es frecuente en la sierra de Guadarrama en los pastos y praderas.
Curiosidades	Es cultivada en España desde el siglo XVI por su valor forrajero ya que es muy apreciado por el ganado. En medicina popular se ha utilizado por su alto contenido en flavonoides con los que se trata sofocos y dolores de la menstruación. Sus hojas, crudas o cocidas, se utilizan en ensaladas.

Vicia lutea
Arvejón,
arveja amarilla

Familia	Leguminosae
Características	Planta anual, trepadora de 25 a 55 cm de altura. Tallos ascendentes.
Hojas	Con zarcillos trepadores en el extremo. Son compuestas, con 3-10 pares de foliolos sentados, oblongos y mucronados. Estípulas triangulares, enteras o dentadas.
Flores	Hermafroditas, solitarias o en parejas. Son sentadas o con pedicelos muy cortos. Amariposada. Corola blanca o amarillenta, más o menos teñida de púrpura en la parte central. Alas de la flor sin extremo negro. Sépalos inferiores más largos que el tubo del cáliz.
Fruto	Legumbre vellosa, a veces con tintes naranjas y poliespermas.
Floración	De abril a junio.
Distribución	Es común en pastos, caminos, cultivos y claros de matorral de toda la península, más escasa en el norte y Baleares. En la Comunidad de Madrid la encontramos en zonas del centro y oeste de la misma. En la zona del Parque Nacional de la Sierra de Guadarrama la podemos ver en pastizales y dehesas de las áreas inferiores.
Curiosidades	Dioscórides la asemejaba a las lentejas por la forma de las semillas, dándolas unas propiedades astringentes contra las diarreas si se tuestan y se cuecen a continuación. *Vicia* es un vocablo griego latinizado y *lutea* significa dorado por el color de las flores.

Vicia sativa

Veza,
arveja

Familia	Leguminosae
Características	Planta anual, trepadora, de 15 a 80 cm de altura. Tallos ascendentes hasta un metro. Las raíces profundas y ramificadas.
Hojas	Con zarcillos en el extremo. Son compuestas, con 3-7 pares de foliolos de forma variable peciolados, generalmente mucronados.
Flores	Solitarias o en parejas, de pedicelos muy cortos. Corola púrpura o violeta, con las alas más oscuras.
Fruto	Legumbre parda al madurar, poliespermas, vellosas y erguidas. Semillas de color casi negro.
Floración	De marzo a junio.
Distribución	Se encuentra en toda la península y Baleares en cultivos y herbazales. En Madrid la encontramos en zonas húmedas del norte y centro de la comunidad. En la sierra de Guadarrama la podemos ver en zonas húmedas y de pastos tanto cultivada como en estado natural.
Curiosidades	Se cultiva como forraje para el ganado desde tiempo de los romanos. En ocasiones puede producir fotosensibilización por la presencia de aminoácidos del grupo ciano. Las plantas del género *Vicia* tienen unas bacterias en la raíz, *Rizhobium* sp., simbióticas con la planta, que fijan el nitrógeno atmosférico en el suelo para su aprovechamiento por el vegetal y, este a su vez, las protege y nutre.

 *Malva sylvestris*

Malva, panecillo

Familia	Malvaceae
Características	Planta bienal o perenne entre 0.5-1.5 m. Tallos erectos o ascendentes, ramosos.
Hojas	Basales reniformes con 3-7 lóbulos poco profundos largamente pecioladas. Las hojas caulinares tienen 5-7 lóbulos más marcados casi tomentosas por el envés, cortamente pecioladas.
Flores	Hermafroditas agrupadas en las axilas, muy raramente solitarias, de 2-6 cm de diámetro. Tienen pedúnculos de longitud variable con pelos estrellados esparcidos. Periantio con 5 pétalos profundamente escotados, purpúreos o rosas y venas oscuras. Las flores tienden a cerrarse cuando hace mal tiempo para proteger el polen.
Fruto	Cápsula esquizocarpo, con varios mericarpos más o menos pelosos que se separan al madurar, conteniendo una sola semilla.
Floración	De abril a octubre.
Distribución	Se encuentra en baldíos, cultivos, caminos, praderas generalmente nitrófilas de prácticamente toda la península y Baleares. En la Comunidad de Madrid, es frecuente en toda ella menos en la zona sur. En la sierra de Guadarrama, sale en áreas de baldíos, caminos, dehesas, etc.
Curiosidades	Las hojas, tallos y flores se suelen utilizar en medicina popular por sus propiedades antiinflamatorias y laxantes, tanto en emplastes como en tisanas. Las hojas, comestibles, se utilizan para sopas y ensaladas.

Orobanche gracilis

Jopo, gallo, rabo de lobo

Familia	Orobanchaceae
Características	Planta parásita de leguminosas leñosas, anual o perenne. Tallo de 20 a 40 cm de color amarillento-rosáceo, con abundantes pelos.
Hojas	Estrechas, triangulares, situadas sobre todo en la base del tallo y, más esparcidas, hacia el ápice. Son de color rojizo y con pelos glandulíferos.
Flores	Reunidas en inflorescencia densa en espiga terminal. Las flores son grandes, sésiles, protegidas por brácteas lanceoladas rojizas. El cáliz es amarillento con pelos glandulíferos y la corola acampanada, curvada, amarillenta por fuera y roja por dentro con el borde de los lóbulos con numerosos cilios. El estigma bilobulado, muy presente, de un intenso amarillo fuerte.
Fruto	En cápsula, ovoide con semillas muy pequeñas.
Floración	De abril a julio.
Distribución	Parasita a diversas leguminosas, especialmente a la *Retama sphaerocarpa*, por lo que tiene su misma distribución en matorrales, bordes de caminos, etc., de prácticamente toda la península y Baleares, menos abundante en el oeste de Galicia y La Mancha. En Madrid, se sitúa especialmente en la parte noroeste de la comunidad, en Somosierra y zona de Cercedilla, Navacerrada, etc.
Curiosidades	*Orobanche* es una palabra latinizada del griego, que significa estranguladora (anche) del orobus (yero) leguminosa parecida a la algarroba.

71

Paeonia broteri

Peonía,
rosa albardera,
escaramón

Familia	Paeonaceae
Características	Planta vivaz, rizomatosa, de hasta 60 cm de alto. Tallos glabros teñidos de rojo, con restos de las vainas foliares en la base del mismo.
Hojas	Alternas, simples, pinnatisectas, con lóbulos que se asemejan a foliolos lanceolados. Verdes brillantes por el haz y glabros por el envés.
Flores	Grandes, solitarias, hermafroditas. Cáliz verde, con 3 sépalos libres. Corola con 7-8 pétalos libres de color rojo o rosa-púrpura. Tiene numerosos estambres y anteras amarillentas o blanquecinas.
Fruto	En polifolículo, poliespermo, densamente tomentoso. Semillas de color rojo oscuro o negro.
Floración	Entre abril y mayo.
Distribución	Prefiere robledales de montaña y bosquecillos frescos, en zonas umbrosas. Es endémica de la península ibérica. Más abundante en la parte occidental de España, en la Comunidad de Madrid se puede encontrar sobre todo en la zona de sierra y de piedemonte. En el parque nacional destaca en dehesas y pinares.
Curiosidades	Se han utilizado las flores como purgante y las semillas como vomitivo, pero tienen unos compuestos tóxicos que pueden llegar a ser mortales. Suelen cortarse indiscriminadamente por su belleza. Se utilizan peonías en jardinería como ornamentales, sobre todo las formas de flores dobles, como *P. officinalis* y *P. mascula*.

Papaver rhoeas

Amapola, ababol

Familia	Papaveraceae
Características	Planta anual, de 10-50 cm de altura. Tallos erectos y poco ramificados con finos pelillos.
Hojas	Muy divididas, pinnatipartidas o pinnatisectas que nacen a lo largo del tallo, sentadas las superiores y pecioladas las inferiores.
Flores	Pedunculadas solitarias. El pedúnculo con pelos blancos, amarillentos o purpúreos. Pétalos en número de 4, rojos, rara vez blancos o violáceos, a menudo con mancha basal purpúreo-negruzca. Muy fugaces. Estambres muy numerosos, de color negro que se sitúan rodeando al gineceo.
Fruto	Cápsula dehiscente. Tiene un color verde pálido de forma cónica con una especie de tapa en la parte superior (opérculo). Contiene numerosas semillas que escapan a través de las grietas del opérculo.
Floración	De principio a final de la primavera.
Distribución	Cultivos, rastrojos, barbechos, claros de matorral, pastos, escombreras… Considerada mala hierba en agricultura. Muy común en toda la península y Baleares. En Madrid, en cualquier ecosistema al igual que en la sierra de Guadarrama.
Curiosidades	La polinización la suelen realizar unos coleópteros, cantáridos, que durante la primavera abundan en los estambres de las amapolas. Es tóxica para el ganado. La savia, pétalos y cápsulas contienen un alcaloide de efectos ligeramente sedantes y pectorantes, diferente a la variedad *Papaver somniferum* (adormidera u opio) que contiene morfina.

Polygala vulgaris
Polígala,
hierba lechera

Familia	Polygalaceae
Características	Planta herbácea, perenne, de 10-30 cm, irregularmente ramificada.
Hojas	Alternas, lampiñas, las inferiores espatuladas y las superiores lanceoladas más largas que las inferiores, con los nervios anastomosados violáceos.
Flores	Irregulares, con los dos sépalos internos mucho más grandes que los tres externos. Están situadas en racimos finales, de color azul, rosa o blanco. Miden entre 5-7 mm.
Fruto	En cápsula del tamaño de los sépalos externos.
Floración	En primavera y verano.
Distribución	La encontramos en pastos, brezales y sitios herbáceos arenosos, especialmente en la zona centro y norte de la península y Baleares. En Madrid, la encontramos en la zona de la sierra de Guadarrama, entre la hierba de los pastos y dehesas.
Curiosidades	Polígala significa mucha leche ya que según Dioscórides se hacía con ella un bebedizo para aumentar su secreción durante la lactancia. Las raíces tienen sustancias con propiedades expectorantes y antitusivas, formando parte de la formulación de jarabes.

Cytinus hypocistis

Hipocisto, chupamieles, mielera

Familia	Rafflesiaceae
Características	Planta parásita perenne de las raíces de las jaras. Tallos muy cortos de 1-2 cm, compactos que revientan la tierra al nacer cubiertos de hojas.
Hojas	Recubren todo el tallo. Algunos autores las consideran brácteas. Son alternas e imbricadas, de colores rojos y amarillos, que forman un cuerpo denso.
Flores	Inflorescencia en racimo terminal, con 4-14 flores cortamente pediceladas y con brácteas del mismo color que las hojas. El perianto, que protege al androceo y al gineceo durante su desarrollo, es persistente y de color amarillo pálido.
Fruto	Bacciforme, es decir, en forma de baya de color amarillo.
Floración	De marzo a mayo siempre debajo de las jaras.
Distribución	Aparece parasitando las raíces del género *Cistus*, por lo que podemos encontrarlo en su misma distribución, más o menos abundante por la península y Baleares. En la Comunidad de Madrid, está sobre las jaras de Arganda y Campo Real y en todo el parque nacional desde Guadarrama hasta Somosierra.
Curiosidades	Dioscórides la usaba como remedio contra los que sufren de vientre, disentería, esputos de sangre y flujos de las mujeres, tanto bebida como en enema. Cocida se ha empleado como sustituto del espárrago, y la planta, al ser exprimida, produce un jugo dulce de sabor parecido a la miel de ahí su nombre de mielera o chupamiel.

Aquilegia vulgaris
Aguileña,
pajarilla, palominera,
farolillos de San Antonio

Familia	Ranunculaceae
Características	Planta herbácea, vivaz, de 10-125 cm de altura. Tallos delgados y vellosos.
Hojas	Simples, alternas, divididas en tres foliolos (ternadas) o trilobuladas, de color verde oscuro. Las basales en rosetas pecioladas.
Flores	Hermafroditas, con cáliz y corola de cinco piezas (pentámeras), sobre un pedúnculo erecto de donde salen varias agrupadas. Son reflejas con 5 espolones aparentes. Tiene numerosos estambres y estaminodios (estambres estériles transformados en lengüetas membranosas). Corola azul, violácea, blanca, rosa o de dos colores.
Fruto	Plurifolículo con varias cavidades donde se encierran las semillas negras, lisas y brillantes.
Floración	De mayo a julio.
Distribución	Se encuentra en bosques, riberas, prados y sitios rocosos frescos especialmente de las montañas del norte, este y centro de la península. En Madrid, se puede ver en la Sierra Norte y en el sector de los pinares del Guadarrama.
Curiosidades	Es una planta tóxica que produce la muerte por parálisis cardiaca o respiratoria. No obstante, las semillas se emplearon para hacer perfumes afrodisíacos.

Familia	Ranunculaceae
Características	Planta anual, herbácea y pubescente de hasta 90 cm de alto Tallos robustos y ramosos.
Hojas	Alternas, pinatisectas, con divisiones lineares de 1 mm de anchura.
Flores	Hermafroditas, con brácteas inferiores disectas prácticamente filiformes y superiores enteras. Inflorescencia en racimo. Flores azules oscuras, rosadas o blancas. Cuenta con 5 sépalos, el superior con forma de espolón (espuela) que mide entre 12-20 cm. Tiene un nectario que son dos hojas soldadas que se interna parcialmente en el espolón.
Fruto	En folículo pubescente con semillas pequeñas, angulosas, negras en la madurez y con laminillas transversales.
Floración	De mayo a agosto.
Distribución	Aparece naturalizada en márgenes de caminos, herbazales, tierras cultivadas sobre todo de cereal, etc., dispersa por toda la península ibérica y Baleares. En la Comunidad de Madrid, aparece muy diseminada en la zona de El Molar y sierra de Guadarrama.
Curiosidades	Es una planta tóxica. En la medicina tradicional se utilizaba, bebida con vino, contra las picaduras de los escorpiones. Se decía que estos se quedaban paralizados en su presencia. Se cultiva como ornamental en jardinería.

Ranunculus peltatus

Hierba lagunera,
milenrama acuática,
ranúnculo acuático

Familia	Ranunculaceae
Características	Planta acuática o de sitios pantanosos. Los tallos son flotantes y ramosos que pueden llegar a 1-1,5 m de longitud.
Hojas	Las sumergidas son filiformes como hebras que se adhieren entre sí al sacarlas del agua. Las flotantes son pecioladas, con limbo arriñonado de 3 a 5 lóbulos, de margen entero, de color verde oscuro a veces con manchas negruzcas.
Flores	Tienen cinco pétalos blancos con la base generalmente amarilla y se encuentran unos centímetros por encima del agua. Son hermafroditas y las hojas flotantes mantienen en la superficie a las flores creciendo al mismo tiempo.
Fruto	Aquenio peloso antes de madurar.
Floración	De marzo a julio siempre que se mantenga el agua.
Distribución	Se distribuye en zonas acuáticas, pero sin corrientes fuertes principalmente en la zona norte de la península. En Madrid, la encontramos en la parte central de la sierra de Guadarrama, en pequeñas lagunas, charcas, regatos de escasa corriente, etc.
Curiosidades	El vocablo latino *Ranunculus* se relaciona con ranas, ya que al igual que estas, las plantas necesitan agua para vivir por su carácter acuático. Colonizan rápidamente láminas de agua y desaparecen igual de rápido cuando esta se evapora.

Crataegus monogyna

Majuelo,
espino blanco,
espino albar

Familia	Rosaceae
Características	Arbusto o arbolito leñoso, caduco y espinoso de hasta 6 m de altura. Tallos jóvenes glabros o algo pelosos, con espinas de hasta 2,5 cm.
Hojas	Alternas, pecioladas, lobuladas con 1-2 pares de lóbulos dentados por el ápice.
Flores	Hermafroditas, pentámeras en inflorescencias en corimbos con 4-11 flores pediceladas. Brácteas caducas, de margen entero o dentado. Corola con 5 pétalos libres, blancos, rara vez rojizos. Estambres en número de 20.
Fruto	En pomo cilíndrico, rojo, con una sola semilla, muy raramente pueden aparecer hasta 3.
Floración	De febrero a julio.
Distribución	Se encuentra en matorrales, zarzales y orlas espinosas de toda la península y Baleares (en el sur solo en las montañas). En Madrid, especialmente en la zona oeste y sureste. Abundante en las zonas medias y dehesas de todo el Parque Nacional de la Sierra de Guadarrama.
Curiosidades	Los frutos son importantes para la vida silvestre ya que son muy apetecidos sobre todo por las aves que dispersan sus semillas en las deposiciones. La corteza es tóxica. Las flores tienen propiedades sedantes y antiespasmódicas, actúan en los trastornos del ritmo cardiaco y la arterioesclerosis. Los frutos sirven para hacer mermelada, y las hojas jóvenes, ensaladas.

Prunus spinosa

Endrino,
pacharán,
arañón

Familia	Rosaceae
Características	Arbusto de hasta 3 m de alto, caduco, espinoso y enmaraña-do. Tallos y ramas jóvenes pardas, grises cuando son viejas. Tiene espinas grandes en ramas laterales.
Hojas	Simples, alternas, pecioladas, ovaladas, con el envés pubescente.
Flores	Hermafroditas, solitarias o en grupos de 3, sésiles o con el pedicelo muy corto. Pétalos blancos en número de 5. Muy abundantes, aparecen antes de que salgan las hojas en primavera.
Fruto	Drupa de 5-10 mm, ovalado y de color azulado, violáceo o negruzco. Tiene un sabor agridulce. Los frutos se conocen como endrinas, arañones o pacharanes.
Floración	A principios de primavera, madurando los frutos en verano.
Distribución	Lo encontramos en setos y bosques de la península y Baleares. En Madrid se sitúa, sobre todo, en la zona central y de piedemonte de la sierra. En el parque nacional es abundante en las dehesas, riberas y zona frescas. También podemos encontrarlo como seto dividiendo parcelas.
Curiosidades	Los endrinos se han utilizado como planta medicinal y alimenticia. Con las endrinas se elaboran mermeladas y maceradas en aguardiente durante un tiempo se obtiene pacharán. Las flores en infusión se han utilizado como laxantes, presentando los frutos propiedades astringentes. La madera es bastante dura y fácil de pulir.

Rosa canina
Rosal silvestre, escaramujo, agavanzo

Familia	Rosaceae
Características	Arbusto espinoso que, dependiendo de las zonas, puede ser caduco o perenne. Puede llegar a medir más de 4-6 m de altura. Los tallos son colgantes, verdes, con fuertes espinas curvadas como colmillos de perro de ahí su nombre latino.
Hojas	Compuestas, alternas, imparipinnadas. De 5 a 7 foliolos, ovalados y dentados.
Flores	Hermafroditas, solitarias o agrupadas en corimbos. Son de color rosa pálido o blanco, de 4 a 6 cm de diámetro con cinco pétalos libres. Los sépalos generalmente caen tras la floración.
Fruto	En cinorrodón de color rojo intenso, con un tamaño de entre 1,5 y 2 cm. Generalmente se denominan escaramujos
Floración	De mayo a julio y produce frutos al final del verano principios de otoño.
Distribución	Se encuentra en bosques y matorrales de toda la península e islas Baleares. En la Comunidad de Madrid, se sitúa prácticamente en todo su territorio, siendo más escasa en la zona sur. En el Parque Nacional de la Sierra de Guadarrama está muy representada en toda su extensión tanto en dehesas, riberas, claros de bosque, etc.
Curiosidades	El fruto destaca por su alto contenido de vitamina C, utilizándose para hacer mermeladas e infusiones. También es denominado tapaculo por sus propiedades astringentes.

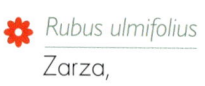

Rubus ulmifolius

Zarza,
zarzamora

Familia	Rosaceae
Características	Arbusto perenne que puede crecer hasta 2-3 m. Tallos sarmentosos, pruinosos, violeta oscuro y con aguijones.
Hojas	Compuestas imparipinnadas con 3-5 foliolos, ovalados y dentados. Son de color verde oscuro por el haz y con tomento blanquecino o blanco-grisáceo por el envés.
Flores	Hermafroditas. Blancas o rosadas, con 5 pétalos y 5 sépalos. La inflorescencia es en racimo, con numerosos estambres y anteras pelosas.
Fruto	Zarzamora o mora, formada por pequeñas drupas en racimo y unidas entre sí (polidrupa), rojiza al principio y negruzca al madurar.
Floración	De mayo a agosto.
Distribución	Se encuentra en cualquier zona de bosques, monte bajo, laderas, dehesas, riberas, etc. Es una planta de crecimiento rápido, colonizadora, que se multiplica vegetativamente generando raíces desde sus ramas. Se encuentra tanto en la península ibérica como en Baleares. En Madrid aparece en toda la comunidad y en la sierra de Guadarrama, se distribuye en dehesas, riberas, monte bajo y alto, etc.
Curiosidades	Las moras se utilizan para la preparación de postres, mermeladas, vinos y licores. Contienen vitaminas A, B y C y, por su alto contenido en hierro, son utilizadas para prevenir y combatir la anemia. Las hojas secas se utilizan en infusión por sus propiedades antisépticas urinarias, diuréticas y laxativas.

Gallocresta, conejitos

Familia	Scrophulariaceae
Características	Planta anual herbácea, densamente pubescente con pelos cortos, erecta rara vez ramificada, de entre 10-80 cm de alto.
Hojas	Opuestas, sésiles, lineares o linear-lanceoladas, aserradas con dientes profundos.
Flores	Hermafroditas, pentámeras en inflorescencias en racimo densas, glandulosas. Tiene brácteas ovadas y enteras, verdosas, con pelos muy densos. Corola bilabiada con el tubo más largo que el cáliz; labio superior recto, rosado o purpúreo y el labio inferior blanco o amarillo. A veces toda amarilla.
Fruto	Cápsula densamente pubescente con semillas pardo-claras casi rosadas, ligeramente reniformes.
Floración	De marzo a julio.
Distribución	Se encuentra en arenales, cunetas, claros de matorral, pinares húmedos y sitios pedregosos de casi toda la península y Baleares. Introducida en Canarias. En la Comunidad de Madrid está repartida por toda la región, siendo menos frecuente en el norte. Se observa en el Parque Nacional de la Sierra de Guadarrama en el piedemonte en claros, pastos, etc.
Curiosidades	Puede tener la corola bicolor con el labio superior rosa o púrpura y el inferior blanco o crema o, si son unicolor, enteramente amarillas con el labio superior amarillo crema y el inferior amarillo limón. Pueden predominar unas u otras o poblaciones mixtas.

Digitalis thapsi

Dedalera,
emborrachacabras,
mataperla

Familia	Scrophulariaceae
Características	Planta perenne o bienal de hasta 80 cm de alto, con abundantes pelos glandulíferos pegajosos de tono amarillento. Tallos lisos o finamente angulosos, verdosos, pubescentes.
Hojas	Inferiores en roseta lanceoladas, pubescentes por lo que tienen un color verde-amarillento por el envés; hojas superiores alternas, lanceoladas y decurrentes (limbo por su base prolongado a lo largo del tallo).
Flores	Hermafroditas, reunidas en inflorescencias de racimos, de pedicelos curvados y con 15-40 flores con pelos glandulíferos en el eje; brácteas lanceoladas. Corola campanulada, rosácea-purpúrea, rara vez albina, pelosa por la cara externa y por la cara interna con máculas purpúreas, rodeadas por una mancha blanca.
Fruto	En cápsula ovoide u oblonga, que contiene muchas semillas pardas.
Floración	De mayo a agosto.
Distribución	Se encuentra en laderas, baldíos y taludes de suelos ácidos de la Cordillera Cantábrica, Sistema Ibérico y Central. En Madrid, en toda la zona de la sierra y, más escasa, en la zona centro. Fácilmente reconocible en toda la sierra de Guadarrama.
Curiosidades	Es una planta muy tóxica ya que contiene alcaloides que aumentan la actividad cardiaca, pudiendo provocar la muerte.

❋ *Linaria elegans*
Mosquitas azules

Familia	Scrophulariaceae
Características	Planta anual, glabra en la base y peloso-glandulosa en la parte superior. Erecta o ascendente de 20-75 cm de alto. Tiene tallos fértiles y estériles.
Hojas	Simples y alternas. Lineares las de los tallos fértiles y lanceoladas obtusas las de los tallos estériles. Están dispuestas en verticilos de 4 o 5 en la base.
Flores	Inflorescencia de racimo, pediceladas, laxas con 5-45 flores. Cáliz con 5 sépalos iguales, lanceolados, acuminados, con margen blanquecino o malva. Corola lila o violeta, en ocasiones con el espolón blanco, fuertemente curvado más largo que el resto de la corola.
Fruto	En cápsula globosa, glabra o con pelos glandulíferos. Tiene lóculos más o menos iguales. Semillas de color gris oscuro.
Floración	De abril a agosto.
Distribución	Se encuentra en pastos, claros de matorral y, en general, en arenas silíceas. Es endemismo del centro y noroeste de la península ibérica. En Madrid, se sitúa en la zona noroeste de la comunidad, ocupando prácticamente todas las zonas abiertas y secas del parque nacional.
Curiosidades	Las linarias son utilizadas como laxantes y diuréticos. También se han utilizado para las erupciones de la piel y para los ojos inflamados aunque deben usarse con cuidado ya que son algo tóxicas.

Parentucellia latifolia
Algarabía

Familia	Scrophulariaceae
Características	Planta anual de 5 a 25 cm de alto. Tallos escasamente ramificados, erectos, frecuentemente de coloración rojiza. Está cubierta de pelos con glándulas patentes.
Hojas	Opuestas, sentadas, ovaladas, pinnatipartidas, tardíamente caedizas. Por el envés tienen los nervios muy marcados. Las hojas superiores pueden tener también glándulas.
Flores	Reunidas en inflorescencias de racimo denso, hermafroditas de color púrpura, muy rara vez blanca, que permanecen incluso durante la fructificación. Brácteas menores que el cáliz, muy lobuladas. Cáliz tubular, con cuatro dientes iguales. Corola bilabiada, con el labio inferior dividido en tres lóbulos (trilobulado) sin líneas ni manchas, con dos gibas o bultitos de color amarillo.
Fruto	Cápsula con más de 4 semillas finamente reticuladas.
Floración	De marzo a junio.
Distribución	Vive en sitios arenosos y pedregosos de la península y Baleares. En la Comunidad de Madrid se distribuye especialmente en la zona sureste. En la sierra de Guadarrama, la podemos encontrar en pastos y encinares de piedemonte siempre en lugares soleados ya que no soporta la sombra.
Curiosidades	En el Mediterráneo, parte oriental de la península, aparece una especie del mismo género que se diferencia de *P. latifolia* en el color de las flores, amarillas en vez de púrpuras.

Veronica persica

Almuraya, hierba gallinera, verónica

Familia	Scrophulariaceae
Características	Planta anual, decumbente o ascendente, de 10 a 55 cm de alto. Tallos con pelos largos generalmente ramificados.
Hojas	Pecioladas, redondeadas, oblongas, a menudo cuneadas (con la base estrechándose), con pequeños pelos dispersos por ambas caras.
Flores	Sobre pedúnculos laxos, curvos, que salen solitarias en las axilas de las hojas. Corola que sobrepasa ampliamente al cáliz, azul con venas más oscuras y garganta blanca.
Fruto	En cápsula, más ancha que larga, comprimida con pubescencia de densidad variable. Semillas amarillentas.
Floración	Preferentemente de febrero a mayo, pudiéndolo hacer en algunas zonas durante todo el año.
Distribución	Abunda en cultivos, caminos, escombreras y zonas alteradas de toda la península ibérica y Baleares. En la Comunidad de Madrid, se encuentra sobre todo en la parte central, sur y oeste. En la sierra de Guadarrama, se localiza en zonas despejadas y alteradas, donde exista algo de humedad.
Curiosidades	El nombre de *Veronica* puede proceder de la traducción latina de Berenice que, según la Biblia, fue la mujer que secó el rostro de Cristo en la Pasión ya que las anteras simulan los ojos y recuerdan a la imagen que quedó impresa en el paño.

Verbascum pulverulentum
Gordolobo

Familia	Scrophulariaceae
Características	Hierba bienal de hasta 1,5 m de altura. Tallo muy ramificado en la parte superior, con pelo blanco muy denso.
Hojas	Alternas. Las situadas en la roseta basal, oblongas, cortamente pecioladas y de color verde grisáceo con numerosos grumos blancos. Las del tallo, alternas, sentadas y aovadas. Brácteas en la base de las inflorescencias.
Flores	Amarillas hermafroditas en panículas, con varias flores en la axila de cada bráctea. Corolas con tubos tan cortos que apenas se notan. Androceo con 5 estambres y filamentos con numerosos pelos blancos.
Fruto	Cápsula elipsoide con semillas muy pequeñas.
Floración	De mayo a julio.
Distribución	Se encuentra en herbazales y escombreras de la península. En Madrid la encontramos principalmente en la zona oeste y norte de la comunidad. En el Parque Nacional de la Sierra de Guadarrama es fácil de encontrar en bordes de caminos, cunetas, terrenos baldíos, etc.
Curiosidades	Se usaban las flores para obtener un colorante amarillo y las hojas como mecha. También se usaba antiguamente para envarbascar las aguas y atrapar los peces así atontados. Resulta tóxico para el ganado, aunque de las flores las abejas producen miel.

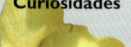

Datura stramonium

Estramonio,
berenjena del diablo,
higuera loca, trompetilla

Familia	Solanaceae
Características	Planta anual, pubescente, con pelos blancos y de 40 a 175 cm de altura. Tallos cilíndricos, ramificados, con algunas glándulas amarillentas cuando son jóvenes.
Hojas	Alternas, pecioladas con una fila de pelos en la cara superior. Son ovadas, agudas y dentadas. Las inferiores enteras y el resto lobuladas.
Flores	Axilares, hermafroditas, pentámeras y cortamente pediceladas. Cáliz tubuloso, pubescente al menos cuando es joven con el tubo más largo que la corola que es de color blanco o púrpura, normalmente con 15 nervios.
Fruto	En cápsula erecta, espinosa, verdosa, dehiscente por 4 valvas. Semillas reniformes, negras.
Floración	De mayo a octubre.
Distribución	Planta procedente de Centroamérica, se ha naturalizado por tierras cultivadas, cunetas, escombreras, graveras y solares de toda la península ibérica, Baleares y Canarias. En Madrid, se encuentra en cualquier tierra incultivada de la comunidad, al igual que en la sierra de Guadarrama.
Curiosidades	Es una planta muy tóxica por su acción parasimpaticolítica y antiespasmódica. Su ingestión provoca el «delirio antropínico» que se manifiesta por excitación, angustia, desorientación, alucinaciones, insomnio, gritos, etc.

Hyoscyamus niger

Beleño negro, hierba loca

Familia	Solanaceae
Características	Planta bienal o perenne de 25-70 cm de alto, pubescente con pelos largos o cortos. Tallos robustos y ramificados.
Hojas	Grandes, alternas, lanceoladas, dentadas, agudas y tomentosas al menos en los nervios. Las superiores son sentadas o subsentadas y abrazadoras de color verde pálido.
Flores	Hermafroditas con brácteas semejantes a las hojas, reunidas en inflorescencias de cimas. Cáliz acampanado y corola grande, amarillenta, con garganta y venas densas purpúreas-moradas.
Fruto	En forma de cápsula con dos cámaras separadas que contienen dentro numerosas semillas milimétricas grises.
Floración	De abril a agosto.
Distribución	Se encuentra en cunetas, taludes, escombreras, arenales de zonas nitrófilas de casi toda la península, excepto en el suroeste y zonas costeras. En Madrid está sobre todo en la sierra y alrededor de Aranjuez. En el Parque Nacional de la Sierra de Guadarrama, la encontramos dispersa en las dehesas y cunetas.
Curiosidades	Es una planta tóxica con muchos alcaloides en las hojas y semillas. Se ha utilizado como sedante del sistema nervioso central para tratar los *delirium tremens*, epilepsia, insomnio, asma, etc. En algunos pueblos se ha utilizado como afrodisiaco, siendo componente básico de los filtros de amor en la Edad Media.

Daphne gnidium
Torvisco, matapollo

Familia	Thymelaeaceae
Características	Arbusto perenne de hasta de 2 m de altura, muy ramificado. Tallos densamente foliados en gran parte de su longitud, cubiertos de pelos cortos y con la corteza de color pardo-rojiza.
Hojas	Alternas, linear-lanceoladas, subsentadas y coriáceas. Son glabras y punteadas por el envés.
Flores	Hermafroditas, tetrámeras con pedicelos cortos en inflorescencias terminales, paniculadas. Tiene de 10 a 60 flores que no sobresalen netamente de las hojas axilares hasta la fructificación. Flores de color blanco-crema.
Fruto	Drupa, carnosa y globosa de un rojo brillante. Semilla ovoide de color negruzco.
Floración	De junio a octubre.
Distribución	Especie típicamente mediterránea. Se encuentra en encinares, alcornocales, coscojares y matorrales, especialmente en el oeste, centro, sur y regiones litorales del este de la península, Baleares y Canarias. En la Comunidad de Madrid, aparece sobre todo en los encinares del oeste y este. En la sierra de Guadarrama, se halla en los encinares, dehesas y en claros de melojares y pinares de repoblación.
Curiosidades	Planta tóxica, con una resina muy activa, irritante, que puede provocar ampollas en la piel tras un prolongado contacto. Se ha utilizado como insecticida en gallineros y para pescar, ya que elimina el oxígeno del agua y mata a los peces.

✿ *Eryngium campestre*

Cardo corredor, cardo setero, cardocuco, cardo macuquero, cardo blanco

Familia	Umbelliferae
Características	Planta perenne, con rizoma tuberoso, espinosa, de 15 a 60 cm. Tallos muy ramificados en la parte superior, que se desprenden fácilmente de la cepa en la fructificación, blanquecinos.
Hojas	Las caulinales de 3 a 6, esparcidas, muy coriáceas, espinosas, sentadas, con nerviación pinnado-reticulada muy densa y resaltada. Las hojas basales son persistentes, con limbo aovado y peciolo largo, trididvididas, espinosas.
Flores	Hermafroditas pentámeras, de color verdoso pálido, en inflorescencia de capítulos, globosos, claramente destacados del involucro. El central con pedúnculo, multifloro, dispuesto en cimas. Tiene abundantes brácteas y bracteolas largas, rígidas y linear-lanceoladas.
Fruto	Esquizocarpo densamente escamoso.
Floración	De junio a agosto.
Distribución	Se distribuye en sitios baldíos, ribazos, sitios secos y algo nitrificados en península y Baleares. En Madrid, se puede encontrar en toda la comunidad, menos abundante en la zona norte. La hallamos en terrenos baldíos y abiertos de la sierra de Guadarrama.
Curiosidades	El nombre de cardo corredor se debe a que cuando se seca es arrastrada por el viento para dispersar las semillas. Habita en sus raíces el hongo *Pleurotus eryngii*, la seta de cardo. Sus hojas tiernas y su raíz pueden consumirse en ensaladas.

Ferula communis
Caña,
cañaheja,
cañota

Familia	Umbelliferae
Características	Planta perenne, erecta que puede llegar a alcanzar 3 m de altura. Tallo ligeramente estriado, cilíndrico, de hasta 2 cm de grosor.
Hojas	Las basales en número de 3-4, pinnatisectas. Las hojas más altas envainadoras. Los últimos segmentos foliares son de 1-5 cm de largo.
Flores	Están reunidas en inflorescencias de umbelas compuestas, pedunculadas. La central, con 25-40 radios es de flores fértiles y las umbelas laterales, con pedúnculos algo mayores, estériles. Bractéolas, estrechamente lanceoladas y caedizas. Flores amarillas.
Fruto	Esquizocarpo, fuertemente comprimido dorsalmente, de 12-15 mm.
Floración	De abril a junio.
Distribución	Se encuentra en matorrales, cunetas, sitios secos, pedregosos o rocosos de la península ibérica y Baleares, aunque puede faltar en las provincias atlánticas. Común en la Comunidad de Madrid sobre todo en la parte central. En la sierra de Guadarrama es fácil de reconocer en cunetas y zonas de matorral abierto.
Curiosidades	Es una planta tóxica para los animales, especialmente para el ganado ovino, ya que produce su muerte por hemorragias al impedir la coagulación por ser inhibidor de la vitamina K.

 *Thapsia villosa*

Cañota, candileja, cañaheja

Familia	Umbelliferae
Características	Planta perenne de hasta 1,75 m de altura. Tallo con restos fibrosos de hojas viejas en la base. La raíz napiforme, contiene un látex de color blanco.
Hojas	Las basales pinnadas, algo pubescentes por haz y envés lo que les dan un color verde grisáceo.
Flores	Inflorescencia de umbela compuesta, esférica. Las umbelas secundarias con más radios que la principal. Las flores son hermafroditas, pentámeras y amarillas.
Fruto	Esquizocarpo, de 10 a 15 mm, con costillas laterales en forma de alas para su mejor dispersión.
Floración	De marzo a julio. Tras fructificar la planta se seca y pierde la parte aérea, quedando latente hasta la siguiente temporada de lluvias en que aparecen nuevas hojas en el otoño empezando de nuevo el ciclo.
Distribución	La encontramos en sitios secos de toda la península. En Madrid, en cualquier zona de la comunidad. En Guadarrama, en las zonas bajas y medias de la sierra en taludes, áreas de matorral, claros de bosque, márgenes de caminos, etc.
Curiosidades	Tiene propiedades purgantes, sobre todo, la raíz. El látex que contiene se ha utilizado contra la sarna. Es considerada como tóxica, aunque Dioscórides preparaba un ungüento para poblar de vello las calvas y para la fimosis. En algunas zonas se ha utilizado también para reparar las pezuñas de las caballerías. Produce fotosensibilización en las ovejas.

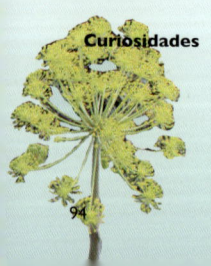

Centranthus calcitrapae

Milamores,
pedrosa,
valeriana española

Familia	Valerianaceae
Características	Planta anual, erecta, de 5-70 cm de alto. Tallos huecos, generalmente lisos con entrenudos dispersos y de color verderojizos.
Hojas	Opuestas con 3 nervios paralelos en la base; las basales pecioladas ovado-lanceoladas; y las caulinares, decreciendo progresivamente de tamaño a lo largo del tallo, sentadas, pinnatipartidas, que salen en los nudos del tallo.
Flores	Hermafroditas reunidas en inflorescencia terminales y sésiles, con brácteas y bracteolas. Corola rosa o blanca, soldada, con giba o espolón que no sobrepasa la base de la corola. Tiene un solo estambre con antera amarillenta.
Fruto	Aquenio glabro o con pelos blanquecinos. Vilano con tubo que forma unas «setas» plumosas.
Floración	De marzo a junio.
Distribución	Se encuentra en sitios pedregosos, colinas secas, bordes de caminos, taludes, etc., de toda la península Ibérica y Baleares. En Madrid, se sitúa principalmente en la zona de piedemonte y sureste de la comunidad. En la sierra de Guadarrama es fácil encontrarla en arcenes, claros de matorrales y campos abiertos.
Curiosidades	Tienen una polinización cruzada. Las flores espolonadas son polinizadas por lepidópteros, mariposas, mientras que las flores gibosas lo son por moscas y mosquitos.

Valeriana tuberosa

Valeriana,
nardo montano,
nardo de monte

Familia	Valerianaceae
Características	Planta herbácea perenne con el rizoma (tallo subterráneo del que salen tallos aéreos y raíces) grueso y tuberoso. Tallo único de hasta 70 cm, erecto, pudiendo ser peloso en los nudos.
Hojas	Verdes. Las basales, que crecen muy cerca del suelo, son enteras, pecioladas, ovaladas, algo dobladas por el nervio medio; las hojas caulinares, son pinnatisectas generalmente con 5 pares de lóbulos y, el terminal, mucho mayor.
Flores	Inflorescencia en cima, hermafroditas, laxas en la fructificación. Corola rosado-blanquecina, con tubo largo y peloso en su interior. Estambres, muy patentes, salientes de la corola.
Fruto	Aquenio ovoide, peloso hacia la base.
Floración	De abril a agosto.
Distribución	Crece sobre roquedos y claros de encinares, melojares, quejigales y coscojares de prácticamente todos los sistemas montañosos de la península, más escaso en la franja suroeste. En la Comunidad de Madrid, se encuentra presente en el área del parque nacional especialmente en zonas de Somosierra, Rascafría y Guadarrama.
Curiosidades	Las raíces de estas plantas se han utilizado como sedante del sistema nervioso central. Tienen una actividad ansiolítica tranquilizante, ligeramente hipnótica, hipotensora y antiespasmódica. En algunas circunstancias, puede manifestar una cierta toxicidad.

Verbena officinalis
Verbena, verbena macho

Familia	Verbenaceae
Características	Planta herbácea perenne de 25 a 90 cm de altura. Tallo erecto, cuadrangular con un surco longitudinal bien marcado en las caras.
Hojas	Verdes, lanceoladas u ovaladas, pinnatipartidas, opuestas y pecioladas. A veces pueden salir en verticilos de 3. Tienen pelos muy patentes en los nervios del envés.
Flores	Hermafroditas en inflorescencia en forma de espiga, de color rosa o lila pálido. La corola es doble de larga que el cáliz tubular. Las flores son sésiles y con brácteas que las protegen.
Fruto	Seco, indehiscente, tetranúcula de color castaño.
Floración	De mayo a junio.
Distribución	Se encuentra en escombreras, taludes, caminos y sitios húmedos de la península y Baleares. En la Comunidad de Madrid la encontramos principalmente en las zonas serranas y en el centro de la comunidad. En el Parque Nacional de la Sierra de Guadarrama está en lugares soleados y húmedos.
Curiosidades	Según Dioscórides, antiguamente se la denominaba «planta sagrada» por ser muy utilizada en los ritos de purificación para hacer amuletos. También dice que si se riega un lugar donde haya un convite con el agua donde estuvo la planta a remojo, los invitados se lo pasan mejor. Se usaban las raíces y las hojas cocidas y bebidas con vino contra el veneno de las serpientes, para curar las amígdalas y las llagas de la boca.

✿ *Viola kitaibeliana*
Violeta,
violeta enana

Familia	Violaceae
Características	Planta anual, generalmente muy pequeña de 5 a 25 cm de tamaño y tallo herbáceo, peloso.
Hojas	Inferiores largamente pecioladas de limbo orbicular, hojas medias del tallo de menos de 1 cm, oblongas, con abundantes pelitos rígidos.
Flores	Solitarias irregulares con pétalo inferior con espolón azulado corto. Son largamente pediceladas, que se curvan con el peso. Pétalos blanquecinos o cremas, a veces con tonos azules o violeta, con mancha amarilla. Cáliz con sépalos lanceolados teñidos de azul.
Fruto	Cápsula globosa, dehiscente que en su interior tiene multitud de semillas castaño claro.
Floración	De febrero a junio.
Distribución	Se encuentra en la península en suelos arenosos, claros de matorral, campos de cultivo, etc. En la Comunidad de Madrid se encuentra repartida en la parte norte y central. En la sierra de Guadarrama se encuentra en las partes bajas del piedemonte serrano.
Curiosidades	Las violetas se han utilizado desde tiempos inmemorables en la medicina popular tanto la raíz como la flor y las hojas. Actúa sobre el sistema respiratorio por sus propiedades pectorales y antitusivas. En grandes cantidades puede provocar el vómito.

Viscum album
Muérdago

Familia	Viscaceae
Características	Arbusto parásito perenne. Ramas de color amarillento, nudosas y articuladas que dan a la planta una forma redondeada. Las raíces, haustorios, engrosadas penetran en la corteza de las ramas.
Hojas	Opuestas, simples, algo carnosas y aovadas. Son de color verde-amarillento.
Flores	Amarillentas en grupos compactos, generalmente unisexuales.
Fruto	Bayas redondeadas de color blanco o amarillo, algo tóxico.
Floración	De marzo a mayo.
Distribución	Lo encontramos parasitando sobre coníferas en la península y Baleares. En la Comunidad de Madrid se sitúa principalmente sobre pinos silvestres y resineros de la sierra de Guadarrama.
Curiosidades	Planta parásita que vive sobre las ramas principalmente de todos los pinos autóctonos, menos el piñonero. Son plantas con clorofila que absorben del huésped el agua y los compuestos minerales. La propagación se realiza mediante la intervención de los pájaros que se alimentan de sus bayas, depositando las semillas con las heces en las ramas de los árboles. Estas quedan adheridas a las ramas mediante la viscina y germinan en las grietas de la corteza, emitiendo una raíz fijadora principal que llega hasta el líber del árbol. La raíz crece en longitud a la vez que aumenta el espesor de la rama. Se usa desde tiempos remotos, era una de las plantas sagradas utilizadas por los druidas celtas en sus ceremonias.

Narcissus bulbocodium

Campanilla, narciso de olor,
narciso nival, trompeta de Medusa,
narciso de Asturias

Familia	Amaryllidaceae
Características	Planta perenne, bulbosa, de 7-30 cm de alto. Tallo cilíndrico, más o menos herbáceo que mantiene el peso de la flor sin doblar.
Hojas	2-4 verdes oscuras de menos de 5 mm de ancho, ascendentes, semicilíndricas.
Flores	Hermafroditas, aisladas, horizontales o algo ascendentes. Pedunculadas. La corola es cónica en forma de trompeta. Está recorrida por 6 bandas verdosas más o menos visibles y con 6 estambres que no sobresalen del borde. Flores de color de amarillento a anaranjado.
Fruto	Cápsula con 3 valvas.
Floración	En primavera.
Distribución	Aparece en matorrales, rocas y pastos de montaña especialmente de la parte oeste de la península y en la Serranía de Cuenca. Muy abundante en la Cordillera Cantábrica, de ahí que se le llame también narciso de Asturias. En Madrid se encuentra en toda la zona de la sierra, especialmente en dehesas y bosque aclarado, pudiendo ascender en las laderas de las montañas.
Curiosidades	Este narciso carpetano fue descrito por primera vez en el siglo xix por el zoólogo y botánico Mariano de la Paz Graells –descubridor del lepidóptero *Graellsia Isabellae*, una de las mariposas mayores de Europa– por lo que fue llamado *Narcissus graellsii*.

Narcissus triandrus subsp. *pallidulus*

Campanillas, campanitas, candeleros, narciso pálido

Familia	Amaryllidaceae
Características	Planta perenne, bulbosa, de 10-27 cm de alto. Tallo más o menos herbáceo, poco consistente que se dobla por el peso de la flor.
Hojas	Menores de 5 mm de ancho, con el haz acanalado y el envés estriado, que llegan prácticamente hasta la curva de la flor.
Flores	Hermafroditas, péndulas, aisladas o en grupos de 2-3. Los segmentos florales externos están muy doblados hacia el pedúnculo. Corola en forma de tubo cilíndrico, acampanada, con 6 estambres de los que los superiores se salen del tubo. Flores de color blanco o amarillento pálido.
Fruto	Cápsula.
Floración	En primavera.
Distribución	Se puede encontrar en bosques y prados rocosos sobre todo de la parte central de la península. En Madrid, se encuentra preferentemente en toda la franja oeste de la comunidad y más aisladamente en la zona este entre Arganda y Aranjuez. En la sierra de Guadarrama se puede observar mezclado con los otros narcisos en la zona de dehesas y bosques aclarados.
Curiosidades	Los narcisos son tóxicos al contener el alcaloide narcisina, sobre todo los bulbos. Tiene efectos narcóticos, produciendo graves molestias gastrointestinales, vómitos y convulsiones.

Narcissus rupicola

Narciso de roca,
campanitas,
junquillo

Familia	Amaryllidaceae
Características	Planta perenne, bulbosa, de 10-30 cm de altura. Tallo herbáceo erecto o algo curvado en el ápice.
Hojas	Tiene 2-3 hojas basales que salen directamente del bulbo, lineares de hasta 3 mm de ancho con dos quillas muy marcadas.
Flores	Hermafroditas, solitarias, sentadas o con un pedicelo muy corto. Son de color amarillo vivo. Las piezas florales externas, soldadas, forman una corona con los dientes irregulares sobre los 6 tépalos también unidos.
Fruto	Cápsula ovoide con semillas negras y brillantes.
Floración	De marzo a junio.
Distribución	Es endemismo de la península ibérica, presente sobre todo en zonas pedregosas y claros de piornales, enebrales y pinares de Galicia, Meseta Norte, Sistema Central, Ibérico, Montes de Toledo y Sierra Morena. En el Parque Nacional de la Sierra de Guadarrama se encuentra en alturas medias y altas sobre todo en los roquedos silíceos.
Curiosidades	El nombre *Narcissus* proviene del mitológico griego Narciso que se ahogó al intentar atrapar su bella imagen reflejada en el agua. Especies de este género crecen junto al agua y sus flores, dobladas, miran su imagen reflejada.

Arum cylindraceum=Arum alpinum
Aro,
llave del año

Familia	Araceae
Características	Planta herbácea de 10-45 cm de alto con tubérculo vertical, en cuyo ápice se desarrollan las raíces.
Hojas	Grandes, pecioladas, sagitadas, glaucas a veces con tonalidades purpúreas.
Flores	Unisexuales en inflorescencia pedunculadas, con una bráctea que la envuelve llamada espata, cilíndrica, acuminada y cerrada en la parte inferior. Esta espata es marcescente, verdepálida, a veces con tonalidades purpúreas. Las flores están en un eje en filas: las masculinas estériles, son amarillentas y están separadas de las fértiles por un espacio desnudo del eje; y a su vez, separadas de las femeninas estériles, amarillentas, y de las fértiles, pardas.
Fruto	Infrutescencia en bayas, al principio verdes y posteriormente de anaranjadas a rojas, con 1-5 semillas por baya, rojizas o pardas.
Floración	Al final de la primavera o en verano.
Distribución	Aparece en sitios sombríos y húmedos especialmente en las montañas del centro y oeste de la península, Pirineos, Sistema Ibérico y Sierra Nevada. En Madrid, aparece en la sierra y piedemonte de la comunidad. En la sierra de Guadarrama, se puede encontrar en zonas húmedas y en las dehesas.
Curiosidades	Los tubérculos son tóxicos e irritantes para la piel. La raíz se utilizaba como expectorante.

Gladiolus illyricus
Gladiolo silvestre

Familia	Iridaceae
Características	Planta bulbosa y vivaz, con tallo herbáceo de hasta 50 cm de altura. Tiene 2-3 vainas en la base que lo envuelven. Los bulbos producen «hijuelos» de multiplicación.
Hojas	Alternas, lanceoladas y estrechas. Generalmente en número de 3 a 5, verdes y con un solo nervio central (uninervias) muy presente.
Flores	Inflorescencia en espiga unilateral, de 3 a 8 flores grandes, rosas o púrpuras. Tienen brácteas y bractéolas que protegen las flores con el margen membranoso. Tiene 6 tépalos (cáliz y corola soldados), con el superior más largo que los laterales y estos, a su vez, desiguales con el resto. Los 3 inferiores tienen una manchita blanca central elíptica, limitada por una línea más oscura que el color de las flores.
Fruto	Cápsula que almacena semillas con alas estrechas.
Floración	De marzo a junio.
Distribución	Suele habitar en pastizales, claros de matorrales y roquedos bien iluminados de prácticamente toda la península y Baleares. En la Comunidad de Madrid es muy abundante por toda su superficie, incluyendo todo el área del Parque Nacional de la Sierra de Guadarrama.
Curiosidades	Se ha utilizado mucho por su abundancia en el campo como planta ornamental para los ramos silvestres que decoran las imágenes de la Virgen durante el mes de mayo, lo que ha provocado, en algunos lugares, un descenso de sus poblaciones.

Lirio común, lirio español, lirio azul

Familia	Iridaceae
Características	Planta herbácea y bulbosa, de hasta 90 cm de altura con el tallo simple verde-grisáceo. El bulbo tiene bulbillos de multiplicación y la membrana exterior (túnica) se desprende en fibras longitudinales.
Hojas	Largas y lineares que desde la base van abrazando al tallo hasta convertirse en brácteas florales, cubriendo el ovario de la flor. Aparecen muy pronto, en otoño.
Flores	Son grandes y solitarias, de color azul o violeta. Están divididas en tres tépalos (cáliz y corola soldados) que forman prácticamente un ángulo recto entre sí y tres estilos en forma de pétalos. En la lengua tienen una mancha amarilla compuesta por pelos cortos y finos.
Fruto	Cápsula dehiscente en cuyo interior guarda las semillas.
Floración	De abril a junio, pudiendo tener una segunda floración cuando marchita la primera flor.
Distribución	Vive sobre suelos húmedos en matorrales y pinares abiertos pudiendo encontrarlo también en suelos rocosos y arenosos de prácticamente toda la península. En la Comunidad de Madrid aparece dispersa en toda la sierra de Guadarrama en pastizales y claros de melojar y fresnedas.
Curiosidades	El bulbo de este *Iris* se ha utilizado como patrón para la obtención de híbridos comerciales para flor cortada, siendo muy apreciado en los Países Bajos donde se cruzan con otras especies produciendo los llamados «lirios holandeses».

Romulea bulbocodium

Azafrán portugués, calabacilla, curcubillas, leza, lirio de las calabacillas

Familia	Iridaceae
Características	Planta vivaz y bulbosa, con el tallo herbáceo muy corto de hasta 15 cm de altura. El bulbo es asimétrico y peloso en la parte superior.
Hojas	Tienen 2 basales y hasta 5 caulinales más cortas, que sobrepasan largamente el tallo. Son erectas, curvadas y ascendentes, dobladas en toda su longitud. Su color es verde-grisáceo.
Flores	En número de 1 a 6, protegidas por brácteas herbáceas y bractéolas escariosas, de aspecto escamoso y semitransparentes. La flor tiene 6 tépalos (pétalos y sépalos soldados) de color violeta, con los nervios marcados más oscuros. La parte exterior es de color pardo con estrías amarillas. Los estigmas muy visibles sobrepasan a los estambres.
Fruto	Cápsulas oblongas con 3 valvas con las semillas globosas y pardas.
Floración	De febrero a abril.
Distribución	Se encuentra en pastizales y claros de encinares, pinares, melojares, brezales, etc., especialmente de la parte occidental de la península. En la Comunidad de Madrid, florece desde el noroeste al sudoeste, estando representado en las zonas de pastos y roquedos soleados del Parque Nacional de la Sierra de Guadarrama.
Curiosidades	Son frecuentes en esta especie los fenómenos de ginodioecia, que es un tipo de poligamia en la que unos individuos presentan flores hermafroditas y otros solo femeninas.

Falangera,
hierba de la araña

Familia	Liliaceae
Características	Planta herbácea perenne, con rizoma corto que puede alcanzar hasta un metro de altura.
Hojas	Verdes. Salen de la roseta basal, planas, lineares y envainadoras con nerviación paralelinervias. Alcanzan la misma longitud que el tallo florífero.
Flores	Hermafroditas en inflorescencia en racimo simple, erecta con 5 a 25 flores. Tépalos (sépalos y pétalos soldados) con 6 piezas blancas estrelladas y con 3 nervios paralelos marcados verduzcos, ovalados y abiertos que sobrepasan a los 6 estambres muy patentes. Los tépalos también pueden tener una mancha verde en el ápice.
Fruto	Cápsula ovoide lisa.
Floración	De mayo a agosto.
Distribución	Aparece en matorrales, claros de bosques y laderas pedregosas, especialmente en la parte noreste de la península ibérica. En la Comunidad de Madrid, aparece en la zona de la sierra de Guadarrama, más abundante en el centro y sur del parque nacional.
Curiosidades	*Anthericum liliago* se denomina a veces flor de lis por la estrella perfecta que forman los tépalos que corresponde a la simetría radial de una flor dibujada con un compás. Las anteras se alinean con el filamento, en vez de estar en ángulo, de tal manera que parece que son articulares y móviles.

Asfodelo, gamón, gamonito

Familia	Liliaceae
Características	Planta rizomatosa desprovista de fibras, con raíces horizontales tuberosas fusiformes (en forma de huso). Tallo de color verde azulado, de 60 a 150 cm de alto.
Hojas	Planas, acanaladas dispuestas en espiral, con margen liso o ligeramente denticulado.
Flores	Hermafroditas en inflorescencias en racimos simples o compuestos, multifloras, densas, con brácteas de color oscuro, acuminadas. Pedicelos más cortos que las brácteas, articulados en la parte inferior, erectos en la fructificación. Tienen 6 tépalos (cáliz y corola soldados) blancos, con nervio medio pardo. Estambres más largos que los tépalos y con anteras amarillas-anaranjadas.
Fruto	Cápsula aovada rara vez esférica, verde-amarillenta. Semillas grises.
Floración	De mayo a julio.
Distribución	Muy restringida, crece en sotobosques, claros de melojares y praderas abiertas del Sistema Central en dos núcleos: sierra de la Peña de Francia y sierra de Guadarrama. Frecuente en el parque nacional en zonas de descomposición de granitos, areniscas y cuarcitas. Por su abundancia da nombre al monte de La Gamonosa en Guadarrama.
Curiosidades	La palabra *Asphodelus* en griego describe el hecho de que los rizomas subterráneos no se ven afectados por el fuego, por lo que puede «revivir» tras un incendio. Los griegos los plantaban cerca de las tumbas, para que los muertos pudiesen alimentarse de ellos. También se creía que los Campos Elíseos (el paraíso griego) estaba tapizado con estas plantas.

Cólchico, azafrán de otoño, despachapastores

Familia	Liliaceae
Características	Pequeña planta bulbosa. Anual, en que las flores salen prácticamente del suelo ya que el ovario es subterráneo en la floración. El tallo es herbáceo, con vaina de tintes púrpuras.
Hojas	No desarrolladas en la floración, aparecen después envolviendo al fruto. Anchamente lanceoladas de color verde oscuro, terminadas en punta.
Flores	Púrpuras-rosadas, rara vez blancas, con 6 estambres de anteras amarillas. Sépalos y pétalos (tépalos) soldados en la parte inferior formando un tubo estrecho. Estilo del ovario blanco y recto en número de tres.
Fruto	En cápsula trivalva, polisperma.
Floración	De septiembre a noviembre.
Distribución	Se encuentra sobre todo en el centro y noreste de la península, en prados húmedos o secos, en claros de melojar o fresneda. En la Comunidad de Madrid, en la zona de la sierra de Guadarrama lo podemos encontrar en las dehesas y pastos.
Curiosidades	Es una planta venenosa que contiene un alcaloide, la colchicina, elemento tóxico que inhibe la división celular. Produce envenenamiento en el ganado. Dilata los capilares sanguíneos, paraliza el sistema nervioso central, puede producir la muerte por fallo respiratorio. Se ha utilizado, en dosis ajustadas, en tratamiento de reumatismo y gota.

 *Fritillaria lusitanica*

Meleagria,
campanicas

Familia	Liliaceae
Características	Planta herbácea perenne, bulbosa con la membrana exterior (túnica) coriácea. Tallo de hasta 50 cm, solitario, verde y curvado por el peso de la flor.
Hojas	Alternas, lineales, acuminadas y verdes. Están situadas a lo largo del tallo llegando hasta la curva del mismo. Las inferiores más anchas que las superiores.
Flores	Generalmente solitarias aunque pueden encontrarse agrupadas en 2 o 3. Tépalos (sépalos y pétalos soldados), acampanados, péndulos y con el borde parcialmente revuelto. Son de color rojizo y violeta alternando el color. El interior de la campánula es verde-amarillento, con 6 manchas oscuras en la base.
Fruto	Cápsula elipsoide con seis valvas.
Floración	De marzo a junio.
Distribución	Crece en claros de bosques, sitios rocosos y secos a pleno sol de gran parte de la península siendo más escasa en el norte. En Madrid, aparece dispersa en la zona sureste, central y en el área de sierra de Guadarrama en su parte media (Cercedilla, Guadarrama, Navacerrada, etc.) y en Somosierra.
Curiosidades	No se la conocen propiedades medicinales, pero Dioscórides en su libro *De materia médica* recomendaba otra especie, *Fritillaria graeca* que vive en los Balcanes, para tener relaciones con una mujer pues decían que excitaba el coito.

Hyacinthoides hispanica

Jacinto silvestre,
escila española,
jacinto de campo

Familia	Liliaceae
Características	Planta de bulbo esférico de hasta 45 cm de alto. Tallo herbáceo, sin hojas, erecto y verde.
Hojas	Basales en número de 3-7, que pueden sobrepasar las inflorescencias. Son paralelinervias, lineares, estrechas en la base y agudas u obtusas.
Flores	Hermafroditas en inflorescencia en racimo de 4-18 flores, pedunculadas, con dos brácteas desiguales, más cortas o más largas que los pedicelos, lineares y membranosas. El periantio, cáliz y corola unidos, tiene 6 tépalos libres, de 1,5-2 cm soldados por la base, azules o violáceos. Tienen 6 estambres de filamento triangular soldado con el sépalo, desiguales. Anteras azules.
Fruto	Cápsula trilocular de 1 cm de diámetro, globosa. Semillas negras, rugosas.
Floración	De febrero a mayo.
Distribución	Se encuentra en tierras cultivadas, riberas, cunetas, siempre en lugares sombríos. Se halla en Galicia, oeste, centro y Suroeste de la Península. En la Comunidad de Madrid, aparece en todo el piedemonte y sierra. En Guadarrama ocupa zonas sombrías y húmedas sobre todo en las dehesas y pastizales.
Curiosidades	Los bulbos son tóxicos. Las flores no son olorosas, pero son ricas en polen y en néctar. La polinización la realizan los insectos y la propagación de las semillas las hormigas.

Muscari comosum

Nazareno,
ajete, jacinto,
penitentes

Familia	Liliaceae
Características	Planta perenne, bulbosa, de 20-70 cm. Los bulbos son de color rojizo.
Hojas	Son basales, lineares y planas. Tienen el margen áspero, de aproximadamente 15 mm de largo.
Flores	Pediceladas, en racimo laxo. Las superiores son estériles en corimbo en lo alto del racimo de color violeta; las inferiores son fértiles, hermafroditas, pardas o pardas-amarillentas, con pedicelos patentes en la parte cilíndrica del racimo.
Fruto	Cápsula membranosa trivalva, con dos semillas negras y brillantes en el interior.
Floración	De abril a junio.
Distribución	Se encuentra en tierras cultivadas y sitios secos de la mayor parte del territorio peninsular. En Madrid, se encuentra repartida por toda la comunidad, más escasa en la parte sureste. En la sierra de Guadarrama se sitúa especialmente en las dehesas y zonas de pastos del piedemonte.
Curiosidades	Los bulbos son comestibles después de ebullición, a fin de eliminar la sustancia amarga. Posee idénticas propiedades que la cebolla, sobre todo diuréticas. El bulbo puede conservarse en vinagre, y pierde gran parte de las sustancias amargas que contiene. Dioscórides los describe como acres y caloríficos, estimulantes del coito, pudiendo irritar la lengua y las amígdalas y, según la cantidad, afectar a los nervios.

Ornithogalum umbellatum

Leche de gallina, leche de pájaro

Familia	Liliaceae
Características	Planta herbácea perenne de 10-30 cm de alto, bulbosa.
Hojas	Largas y lineales que nacen de la base del tallo.
Flores	Son hermafroditas sobre un pedicelo de más de 5 cm de largo, protegidas por una bráctea. Son de color blanco con ancha banda verde al dorso. Están formadas por 6 pétalos libres y 6 estambres cuyos filamentos están aplanados por la base. El ovario, muy visible, es glauco, verde o amarillento.
Fruto	Es una cápsula dehiscente con numerosas semillas.
Floración	Al final de la primavera.
Distribución	Se encuentra en pastos secos, bosques claros y sitios pedregosos de la península, especialmente en la zona centro, Castilla-León, Cataluña y Andalucía. En Madrid, se reparte sobretodo en la parte central, piedemonte y sierra. En el Parque Nacional de la Sierra de Guadarrama es abundante en las dehesas y entre los roqueros de media montaña.
Curiosidades	Los bulbos son cardiotóxicos. Sin embargo, son mencionados por Dioscórides y Plinio, indicando que «su raíz bulboide, se come cruda, cocida y asada». Además, la parte aérea de las plantas es tóxica para el ganado cuando es ingerida accidentalmente durante el pastoreo, produciendo inflamación intestinal. Leche de pájaro procede directamente de su nombre en latín: *ornitho*, pájaro, y *galo*, leche.

Ruscus aculeatus

Rusco, brusco, arrayán silvestre, acebo menor

Familia	Liliaceae
Características	Arbusto monoico (flores de un solo sexo por pie), entre 30-90 cm. de alto. Tiene un rizoma grueso de donde le salen los tallos masculinos o femeninos.
Hojas	Tiene dos tipos, las verdaderas son muy pequeñas, de 3-4 mm que aparecen en las axilas y se desprenden muy rápidamente y, las falsas, muy patentes que en realidad son tallos modificados (filocladios), planos, lanceolados, con una espina en el extremo.
Flores	Pequeñas, verdosas, aparecen como verrugas en la superficie de las falsas hojas.
Fruto	Baya roja de 10 a 12 mm de diámetro con dos semillas blanquecinas. La diseminación se hace por medio de las deposiciones de los animales que comen los frutos.
Floración	En invierno y en primavera, fructificando las plantas femeninas en otoño e invierno.
Distribución	Se encuentra en matorrales y bosques frescos de la península y Baleares. En la Comunidad de Madrid se localiza sobre todo en las partes húmedas de la zona central y norte. En la sierra de Guadarrama se puede encontrar en las riberas húmedas de los ríos.
Curiosidades	El rizoma y los filocladios se han utilizado contra hemorroides y varices. Ayuda a eliminar el ácido úrico propiciando una mayor sudoración. También se ha utilizado como decoración navideña sustituyendo al acebo. Fruto tóxico para el hombre.

Scilla verna

Cebolla albarrana, escila de primavera

Familia	Liliaceae
Características	Planta perenne, bulbosa, de hasta 25 cm de alto con el tallo liso. El bulbo está recubierto de escamas (túnicas) de color pardo o rojizo.
Hojas	Entre 2-8 por planta, lineares o lanceoladas, romas y verdes. Son más cortas que el tallo de hasta 20 cm de largo que se curvan dejando ver las flores.
Flores	Inflorescencias en racimo. Las flores son hermafroditas, azul violáceas, en un número de 2 a 30 y con una bráctea en cada flor.
Fruto	En cápsula, semilla sin alas.
Floración	Al final del invierno llegando hasta principios de verano.
Distribución	Se encuentra en prados, brezales y bosques, sobre todo del centro y norte de la península ibérica. En Madrid, en toda la sierra especialmente en prados y dehesas de piedemonte.
Curiosidades	El bulbo contiene escilirósido, un compuesto con propiedades raticidas. Es un cardiotónico convulsionante y estimulante del sistema nervioso central. En medicina se ha empleado por su efecto diurético al aumentar el riego y la mejora de la circulación renal. El médico griego Dioscórides ya la utilizaba mezclándola con vino blanco para provocar la orina e incluso servía de ayuda a los mordidos por tarántulas.

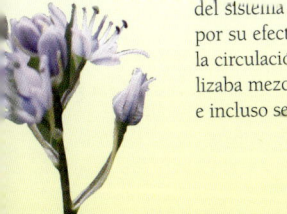

Familia	Orchidaceae
Características	Planta herbácea perenne con 2 tubérculos bipartidos. Tallo, erecto, fistuloso y verde de 20 a 35 cm de alto.
Hojas	Repartidas a lo largo del tallo en número de 6-7 de un color verde claro y no manchadas. Hojas enteras, lanceoladas, las inferiores salen en falsa roseta.
Flores	Inflorescencia en espiga terminal con 8 a 14 flores y brácteas verdes, lanceoladas que protegen a las flores. Sépalos laterales asimétricos y central simétrico de color blanco o amarillo pálido. Pétalos del mismo color, con el labelo central con 2-4 manchas rojizas en forma de puntos o líneas paralelas.
Fruto	Cápsula erecta y oblonga.
Floración	De abril a junio.
Distribución	Aparece en prados, matorrales y claros de bosques de montañas de la península: Montes de Toledo, Sierra Nevada, Sierra Morena, Sistema Central, Sistema Ibérico, etc. En Madrid se encuentra en la zona del Parque Nacional de la Sierra de Guadarrama, más frecuente en los extremos sur y norte del mismo.
Curiosidades	*Dactylorhiza insularis* es una hibridación natural de *D. romana* y *D. sambucina*. *D. insularis* es una planta apomíctica, es decir, se reproduce asexualmente mediante semillas que no han sido fertilizadas, los descendientes son genéticamente idénticos a la planta madre.

Limodorum abortivum

Limodoro violeta,
mayos,
planta hambrienta

Familia	Orchidaceae
Características	Planta herbácea, perenne y hemiheterótrofa. Tiene un rizoma corto con raíces gruesas y tallos erectos de 20 a 50 cm de color violeta.
Hojas	En número de 3 a 9 envainadoras y con 1 a 3 hojas lanceoladas, más pequeñas, no envainadoras en la parte superior del tallo. El epíteto *abortivum* hace referencia a estas hojas reducidas a escamas.
Flores	Inflorescencia en racimo terminal alargado de entre 4 y 28 flores de color violáceo y con brácteas membranosas parecidas a las hojas caulinares. Sépalos lanceolados con pelos dispersos por el envés. Pétalos con el interior blanquecino con nerviación violeta.
Fruto	Cápsula erecta y oblonga con 6 costillas.
Floración	De abril a julio.
Distribución	En claros de bosques de coníferas, frondosas y riberas; en suelos pedregosos o arenosos, húmedos o secos, de la península (rara en el noroeste) y las Baleares. En Madrid, aparece en puntos del suroeste y este y, dispersa en la sierra de Guadarrama, siendo más abundante en Somosierra.
Curiosidades	Las especies del género *Limodorum*, al no tener apenas clorofila, establecen relaciones con hongos para obtener compuestos carbonatados y es posible que sean verdaderas parásitas sobre plantas verdes al formar su parte subterránea micorrizas para obtener estos compuestos de su huésped.

Orchis coriophora

Olor de chinches,
orquídea fétida

Familia	Orchidaceae
Características	Planta con 2 tubérculos de 10-50 cm de alto. Tallos lisos y glabros.
Hojas	Las basales en roseta, lanceoladas, agudas y envainadoras, sin manchas; con el margen no ondulado y glabro. Las hojas del tallo de 3 a 5, progresivamente más cortas y, en las proximidades de las inflorescencias, muy parecidas a las brácteas.
Flores	Inflorescencia sobre el tallo con 12-29 flores, densa y sésiles que se abren de la base al ápice. Tiene brácteas lanceoladas, membranosas, verdes por el centro y blanquecinas o rosadas en los márgenes. Las flores son de color pardo, rojas, rosas o verdosas. El pétalo medio de las flores, denominado labelo, es más largo que los otros y colgante como una lengua, con manchas purpúreas en la parte central. Espolón hacia abajo.
Fruto	De 9-15 mm, erecto, con 6 costillas.
Floración	De marzo hasta junio.
Distribución	En prados, claros de matorrales y bosques, de toda la península (más rara en la fachada atlántica) y Baleares. En Madrid, se encuentra sobre todo a piedemonte de la sierra. En el Parque Nacional de la Sierra de Guadarrama, puede ascender por prados y pastizales frescos, siempre luminosos.
Curiosidades	Especie muy polimórfica, con coloración y tamaño de las piezas florales muy variable; con flores fétidas o sin olor. *Coriophora* significa flores parecidas al cuero.

Orchis mascula

Cañamón, sangre de Cristo, satirión macho, orquídea silvestre

Familia	Orchidaceae
Características	Planta con 2 tubérculos de 14-40 cm de alto. Tallos lisos, glabros.
Hojas	Las basales están en roseta, lanceoladas, agudas y envainadoras, sin manchas o con manchas más o menos oscuras. Las del tallo lo envuelven en la mayor parte de su longitud.
Flores	Inflorescencia sobre el tallo con 4 a 46 flores, densa. Son sésiles que se abren de la base al ápice, con las brácteas lanceoladas, membranosas y violáceas. Flores de color rojo-púrpura. El pétalo medio de las flores, labelo, más largo que los otros y colgante como una lengua, suele tener manchitas purpúreas en el centro. Espolón hacia arriba.
Fruto	De 17-20 mm, erecto, con 6 costillas.
Floración	De marzo a junio.
Distribución	Se sitúa en prados y bosques de toda la península y Baleares. En la Comunidad de Madrid, se reparte por todas las zonas siendo menos habitual en el noreste y sur. En el Parque Nacional de la Sierra de Guadarrama, lo encontramos especialmente en las dehesas y pastizales.
Curiosidades	El nombre griego de *Orchis* significa testículo y se debe a los tubérculos gemelos que posee esta especie. Los efectos afrodisiacos que le suponían griegos y romanos tienen que ver con esta forma de los bulbos y no por sus propiedades químicas.

Orchis morio

Satirión, compañón,
amor de dama,
testículo de perro

Familia	Orchidaceae
Características	Planta polimorfa con 2-3 tubérculos de 12-45 cm de alto. Tallos lisos y glabros.
Hojas	Las basales en roseta, lanceoladas, agudas y envainadoras. Las hojas del tallo lo envuelven en la mayor parte de su longitud.
Flores	Inflorescencia sobre el tallo con 4-16 flores, sésiles, que se abren de la base al ápice, con las brácteas lanceoladas, membranosas y rosadas. Flores de color violáceo-púrpura, rojas, rosas o blanquecinas. El pétalo medio de las flores, labelo, más largo que los otros y colgante como una lengua, suele tener manchitas violetas oscuras en la zona central. Espolón saliente o dirigido más o menos hacia arriba.
Fruto	De 15-20 mm, erecto, con 6 costillas.
Floración	De marzo a junio.
Distribución	Se encuentra en prados, matorrales y bordes de bosques de toda la península aunque es más rara en fachada atlántica y del sureste. En Madrid la encontramos en la zona oeste y norte, pegada a la sierra. En la sierra de Guadarrama es fácil de ver en las dehesas y piedemonte.
Curiosidades	La harina de sus tubérculos llamada «salep» es muy nutritiva. Se usa en dietas especiales ya que es muy rica en mucílago beneficioso para el canal gastrointestinal irritado. El tubérculo para preparar la harina debe ser recolectado cuando la planta está recién seca y haya soltado las semillas.

Serapias lingua
Gallos

Familia	Orchidaceae
Características	Planta erecta, perenne, de 10-40 cm. Tallos herbáceos consistentes, a veces rojizos en la base.
Hojas	Alternas, verdes, envainadas sobre el tallo, en número de 4 a 7 y lanceoladas.
Flores	Hermafroditas, en inflorescencia en espiga y con brácteas lanceoladas púrpuras violáceas con nervios marcados. El labelo (pétalo muy modificado) central en forma de lengua con un bulto en la base violeta oscuro y lóbulos laterales púrpura oscuro.
Fruto	Cápsula de 1-2 cm de longitud.
Floración	De abril a junio.
Distribución	Aparece en prados húmedos, brezales, olivares, alcornocales y matorrales en la península ibérica y Baleares, donde está protegida. En la Comunidad de Madrid se halla sobre todo en la parte noroeste. En la sierra de Guadarrama se encuentra en la zona de pastizales.
Curiosidades	En las islas Baleares y puntos de Cataluña son frecuentes plantas de labelo amarillo mezcladas con las purpúreas. El término *Serapias* está relacionado con Serapis, deidad grecoegipcia de la fertilidad y de la medicina que representaba las fuerzas masculinas de la naturaleza. Según Dioscórides su raíz bebida con vino provoca la orina.

GLOSARIO DE TÉRMINOS

Amplexicaulas: órganos que abrazan al tallo.

Antesis: periodo de floración de las plantas.

Aquenio: fruto seco, indehiscente, monospermo en que el pericarpio no está soldado a la semilla.

Connatas: hojas opuestas, sentadas, en que sus limbos prácticamente se sueldan en el tallo.

Coriáceo: de consistencia o aspecto parecido al cuero.

Decusadas: hojas que giran 90º con respecto a las hojas del nudo adyacente, en forma de cruz.

Disectas: hojas o brácteas con el limbo muy dividido.

Endemismo: especie exclusiva de determinadas localidades o regiones.

Espata: bráctea amplia que envuelve la flor o la inflorescencia.

Esquizocarpo: fruto seco, indehiscente procedente de carpelos soldados con una sola semilla, que al madurar se divide en los diversos mericarpos que lo componen.

Estamonios: estambres estériles transformados en lengüetas membranosas

Filiformes: hojas o brácteas que tienen forma de hilo.

Filocladios: tallos modificados en forma de hoja plana pinchuda.

Flor amariposada: tiene la corola en forma de mariposa y consta de dos alas laterales, un estandarte superior y una quilla inferior. También es llamada papilonácea.

Flor flosculosa: pétalos de la corola soldados en forma de tubo.

Flores pentámeras: cáliz y corola con cinco piezas.

Flores reflejas: son las que se doblan hacia la base del tallo donde están insertas.

Fusiforme: órgano en forma de huso.

Ginodioecia: tipo de poligamia en la que unos individuos presentan flores hermafroditas y otros solo femeninas.

Glándulas: órganos vegetales cuya función es la de almacenar y secretar diversas sustancias.

Glomérulo: agrupación densa de flores sentadas

Hemiheterótrofa: planta que no produce totalmente su alimento y necesita de otra para su pervivencia.

Hirsuto: cubierto de pelos dispersos, cortos y ásperos.

Hojas caulinares: situadas en el tallo.

Hojas cordadas: sinónimo de acorazonadas.

Hojas glaucas: verde claro.

Hojas ternadas: con tres foliolos.

Involucro: brácteas que rodean las flores de una inflorescencia.

Labelo: pétalo muy modificado de la familia de las Orchidaceae, de mayor tamaño que las demás y que cumple funciones para atraer los insectos polinizadores.

Látex: líquido denso y viscoso que circula por vasos laticíferos y que sale al exterior al producirse cortes o roturas.

Laxo: flojo, dobladizo.

Lenticelas: orificios situados en la corteza de troncos y ramas para el intercambio de gases en los procesos de respiración y transpiración.

Lóculo: cavidades de los ovarios o de los frutos donde se sitúan las semillas.

Núcula: nuez pequeña.

Opérculo: tapa que cierra la parte superior de algunos frutos en cápsula.

Parásito: planta que obtiene sus nutrientes de otra que se llama huésped.

Pedúnculo: eje principal donde se sitúa una inflorescencia que termina siendo el «rabillo» del fruto.

Pirofita: planta que utiliza el fuego como estrategia para la diseminación de las semillas mediante el estallido de sus frutos, el rebrote de las cepas, la germinación de bulbos, etc.

Polifolículo: fruto seco, dehiscente, que se abre por una sola abertura (no como la legumbre que se abre por dos) y que tiene varias semillas en su interior.

Polimorfa: distintas formas dentro de la misma especie.

Pruinoso: cubierto de pruina, tipo de cera

Reniforme: en forma de riñón.

Reproducción apomíctica: reproducción asexual mediante semillas no fecundadas por lo que los descendientes son genéticamente idénticos a la planta madre.

Revolutas: hojas que tienen el borde doblado hacia el envés.

Tallo florífero: tallo donde se sitúan las flores.

Tépalos: cáliz y corola soldados sin que se puedan diferenciar al tener el mismo aspecto, color, etc.

Túnica: membranas que rodean a los bulbos.

Verticilastros: conjunto de flores muy juntas en varios pisos.

Vilano: apéndice de pelos o filamentos que sirve para transportar las semillas por el viento.

Zigomorfas: tipo de flores que sus órganos se disponen simétricamente a un plano que divide la flor en dos partes.

ÍNDICE DE ESPECIES

BIBLIOGRAFÍA

Baonza Díaz, J. (2007): *Algunas plantas raras en la Comunidad de Madrid. Nuevas citas y revisión corológica*. Bot. Complut. 31: 87-95

— (2013): *Catálogo florístico de la Sierra de Guadarrama y alrededores*. Versión de 2013. http://florasierraguadarrama.blogspot.com.es/

Castroviejo, S. Coord. (2001): *Claves de la Flora Ibérica. Plantas vasculares de la Península Ibérica e Islas Baleares. Vol I. Pteridophyta, Gymnospermae, Angiospermae (Lauraceae-Euphorbiaceae)*. Departamento de publicaciones del CSIC. Madrid.

Fitter, A. (1987): *Nueva generación de Guías. Flores silvestres de España y de Europa*. Ediciones Omega, S. A. Barcelona.

Font Quer, P. (1982): *Iniciación a la botánica. Morfología externa*. Editorial Fontalba. Barcelona.

— (1995): *Plantas medicinales. El Dioscórides renovado*. Editorial Labor S. A. Barcelona.

García Rollán, M. (1999): *Atlas clasificatorio de la flora de España peninsular y balear*. Vol I. Ministerio de Agricultura Pesca y Alimentación. Ediciones Mundi-Prensa.

— (2001): *Atlas clasificatorio de la flora de España peninsular y balear*. Vol II. Ministerio de Agricultura Pesca y Alimentación. Ediciones Mundi-Prensa.

Grijalbo Cervantes, J. (2010): *Vegetación y flora de Madrid*. Edita Javier Grijalbo Cervantes.

López González, G. (2002): *Guía de los árboles y arbustos de la Península Ibérica y Baleares*. Ediciones Mundi-Prensa.

López Jiménez, N. (2007): *Las plantas vasculares de la Comunidad de Madrid. Catálogo florístico, claves dicotómicas y estudio detallado de la familia Compositae Giseke*. Tesis Doctoral. Jardín Botánico de Madrid CSIC y Departamento de Biología Vegetal I, Facultad de Biología, U.C.M. Madrid.

Morales, R. (2003). *Catálogo de plantas vasculares de la Comunidad de Madrid (España)*. Botanica Complutensis. 27: 31-70

Morán Benito, A.; Martín Calvo, M. A. & San Román del Barrio, L.: *Descripción farmacológica de las plantas del Dioscórides*. Universidad de Salamanca.

Press, B. (1993): *Guía de campo de las flores silvestres de Europa*. Libros Cúpula. Grupo editorial Ceac S.A. Barcelona.

Rivas Martínez, S.; Fernández-González, F.; Sánchez-Mata, D. & Pizarro, J. M. (1990): *Vegetación de la Sierra de Guadarrama*. Itinera Geobot. 4: 3-132.

Rodríguez Llano, J. A. (2006): *Sierra de Guadarrama. Fauna y flora*. Edit. Rueda S.L.

Sánchez Crespo, A. & Pérez García, I. (2013): *Guía de campo de la Sierra de Guadarrama*. Ediciones La Librería. Madrid.

Sutton, D. (1992): *Guía de campo de las flores silvestres*. Blume.

http://www.anthos.es. Información sobre la biodiversidad de las plantas de España en Internet. CSIC. Real Jardín Botánico. Ministerio de Agricultura, Alimentación y Medio Ambiente.

http://www.asturnatura.com/. Naturaleza y turismo. Flora y fauna.

http://dioscorides.eusal.es/index.php. Versión de Dioscórides interactivo. Ediciones Universidad de Salamanca.

http://www.floraiberica.es. Flora ibérica. Plantas vasculares de la Península Ibérica e Islas Baleares. CSIC. Real Jardín Botánico.

http://www.florasilvestre.es/. Colección fotográfica de José Quiles Hoyo.

http://www.floravascular.com/.